SHRIMAD BHAGAVAD GITA

in Urdu Language

SHRIMAD BHAGAVAD GITA

in Urdu Language

CHAMAN LAL PANDITA

Worldwide Published by

Pendown Press

PENDOWN PRESS

An ISO 9001 & ISO 14001 Certified C .,
Regd. Office 2525/193, 1st Floor, Onkar Nagar-A,
Tri Nagar, Delhi-110035
Ph.: 09350849407, 09312235086
E-mail: info@pendownpress.com
Branch Office 1A/2A, 20, Hari Sadan, Ansari Road,
Daryaganj, New Delhi-110002
Ph.: 011-45794768
Website: PendownPress.com

First Edition: 2021

ISBN: 978-93-90479-72-6

Layout and Cover Designed by Pendown Graphics Team
Printed and Bound in India by Thomson Press India Ltd.

श्री कृष्ण गोविन्द हरे मुरारी,
हे नाथ नारायण वासुदेवा।।

شری کرشن گووِند ہرے مُراری
ہے ناتھ نارائن واسُدیوا

A humble tribute
to my beloved Parents

Late Sh. Nanak Chand Pandita
Late Smt. Tarawati Pandita

Swami Kumar Ji Maharaj

It gives me immense pleasure to learn that Shri Chaman Lal Pandita Ji is publishing Shrimad Bhagavad Gita in bilingual from viz; Sanskrit, the original script and Urdu language.

We know that Shrimad Bhagavad Gita has been translated in almost all languages of the world and there are quite a good number of commentaries by various learned scholars and realized persons in this sacred Granth, but writing Sanskrit text word by word in Urdu language requires quite an effort as Urdu language does not have alphabets which can produce all phonetics of Sanskrit language correctly.

Shrimad Bhagavad Gita can lead oneself to self-realization. There are different routes like Ghyan Yoga, Dhyan Yoga, Karma Yoga, Bhakti Yoga, etc. taught in this Granth and one can follow any one of them for his or her elevation.

I hope this book will benefit many devotees who are proficient in Urdu language but have difficulty in reading Sanskrit script in Devnagri.

My blessings are with Pandita Ji and I wish him all success in his endeavor.

Prof. A.N. Sadhu

Sh. C.L Pandita has put up a commendable effort in translating Shrimad Bhagavad Gita flawlessly in Urdu. This outstanding religious epic is storehouse of knowledge and reasoning for Karma Yoga and Gyan Yoga, the blend of which ensures success in one's life.

Pandita Ji has rendered great service by increasing the accessibility of a large canvas of readers to the benefits of Bhagavad Gita even they are not well versed with Sanskrit language.

I wish him great success in these efforts.

Foreword

Before going through this book, a reader needs to remember some basics about it and also about the script in which it has been presented.

"Bhagavad Gita", the Song Celestial is considered as presenting the gist of the Vedic and Upanishadic philosophy and thereby it is a shining guide to right life in this world of conflict and dilemma. Like all sacred Indian texts it has been written in Sanskrit, though in different scripts from time to time and place to place. The original Sanskrit text has, by and large, been preserved in both written and oral traditions in India, despite the linguistic variety obtaining in our very vast country.

Urdu language has had a special connection with the state of Jammu and Kashmir for about a century before Independence. During this period, Persian literary traditions, including its Nastaliq script permeated in civilized Kashmiri life alongside Punjab and the NWFP of undivided India. In Kashmir, Kashmiri Pandits led the society in acquiring knowledge and became leaders in spreading literacy and education. They owned Persian or Nastaliq script without prejudice and even used the same for writing and rendering their religious Sanskrit books with an open mind. After 1947, when Urdu in the Persian script was officially accepted and recognized for Kashmiri, this script continued enjoying Pandit patronage. That was why we find that many Sanskrit hymns and prayers too were transcribed from Devnagri into Persian script by them without the least hesitation. Of course for Pandits the traditional Nagri continued to be the first authentic and phonetically most appropriate script for Sanskrit texts. . After Nagri however, Pandits kept using the Nastaliq in a big way. With their numbers decreasing over the past five centuries of mass conversions they were being reduced to a minority and their dependence on Persian increased. That gave them clerical jobs and sustenance. That is a different story.

The situation as of now is essentially different. In the valley of Kashmir, Urdu language and Persian script continue to be in prominence while Kashmiri Pandits in Diaspora, have widely adopted Devnagri for all religious and secular purposes. But we can not ignore the fact that there are still many who belong to the earlier Persian generation and who find it easier to read and write in it. For them some organizations provide popular Sanskrit hymns and other slokas (e.g. Panchang or yearly almanacs are printed in Persian script also for Kashmiris) in Nastaliq. Compilation of the present book i.e. Gita in the Persian or Nastaliq script by Shri C. L. Pandita should be seen as an attempt in that context.

I know Shri C. L. Pandita as sociable person , a cultured friend and a dedicated gentleman for the last three decades of our coming to live in the Subhash Nagar neighborhood of Jammu. Professionally a telecom engineer, Sh. Pandita took a lot of interest in social and religious works of the community at the Mohalla and city levels. My association and inter action with him on various social matters convinced me of his multi faceted interests, till he, one day, came up with an original poetic composition. But the present work viz. Bhagavad Gita in the Nastaliq or Persian script was a pleasant surprise for me. Panditaji is a devoted person who would have felt how some senior persons in our social set up and some active citizens in religious congregations faced they ciould be seen reading from their hand written copies of popular Sanskrit hymns, aarties and bhajans. Obviously they faced difficulties in reading Skt. texts. It is for the benefit of such devotees that Sh. Pandita took on himself this big responsibility of making it easier for them to read the most read, the often quoted Bhagavad gita. Such a work is the result of his concern primarily for his fellow denizens and then for all those who may find it helpful. As I see now, this transliteration may prove helpful to many others, devotees or students also.

I do not want to go into the academic issue of transliteration or transcription as a theory and subsequent practice, because there is no scope for that in matters of works written with devotion and for devotees. Reading or understanding this transliteration of the Gita is more of approximation or assimilation of sounds heard by devotees in a congregation. Many remember the original text by heart. An arbitrary set of parallel symbols, as used here is understandable by practice and tradition among Kashmiris. Mass reading would only prompt them to keep pace with collective chanting. They need not go into the rules of inter scriptural changes. Secondly, this transliteration is done by a knowledgeable Kashmiri gentleman, who has followed the current conventions of accent and pronunciation in his text. I can say that this book is a bouquet of Shri C L Pandita's devotion and faith. Hence it is surely to succeed in the purpose for which it has been undertaken.

I wish Shri CL Pandita well and this work of his, success.

–Dr.R.L. Shant

Introduction

The Shrimad Bhagavad Gita is the treasure of all times. It is a sacred scripture, which has made its presence everywhere since ancient times. This is one of our religious scriptures which has great importance in Hindu religion and is revered by different religions and creeds in the world. The knowledge of Bhagavad Gita is supreme and teaches us the way of life with a single purpose of our confluence with the Supreme Lord Krishna. It is believed, this is not only a scripture but a sacred book of life values, which everyone should read and practise to make one's life meaningful.

We have one life and this is one-time opportunity for us to reconcile and improve our Karmic account. We should not leave any stone unturned for our self-realization. I feel blessed by my Guru Maharaj and my respected parents, who are my inspiration to start this pious work. I am sure, this work will help many people globally who can read and recite Gita irrespective of cast, creed and religion. It took me more than six decades to realize the importance of reading, reciting and writing Urdu script of Shrimad Bhagavad Gita. There are many of us who can't read and recite Shlokas in Sanskrit language and those who can read Urdu, can also read and recite Bhagavad Gita in Urdu language verbatim.

Having had benefits of some religious discourses at the village Pathshala during my teenage days, my interest in learning more about Shrimad Bhagavad Gita was further stimulated by the family environment wherein elders in family would often recite Shlokas from the holy script and my elder sister would learn these Shlokas by heart. This process did not continue too long because of the closure of the village Pathshala, on the one hand and growing burden of studies, on the other. The urge, nevertheless remained strong to learn more about Shrimad Bhagavad Gita and I got much interested to write all 18 Chapters in Urdu in consultation with different books and audios on the subject.

In 2006. our next-door neighbor and a learned scholar Prof. J.N. Koul who wrote English script of Gita with meaning, gifted me one book, which helped me a lot. Lord Krishna who is The Bhramand Nayak inspired me to start reading and reciting Gita during lockdown in May, 2020 and finally bore fruit in the shape of this edition. My journey of this work of transcribing Shlokas started in May. 2020 and after consulting many versions of Gita and listening to audiobooks, I could accomplish this pious work. While I started reading Bhagavad Gita seriously during initial days of Lockdown 1.0, I felt a calling and realized a deep need of writing the sacred Shloka of Gita in Urdu language. The very act of writing Gita gave me an opportunity to read it multiple times, research it out for understanding the meaning of each Shloka and contemplating on each verse of this monumental scripture.

To make the writing work easy and accurate, I requested my dear friend Shri L.D. Koul, a religious scholar to undertake editing of Urdu work, which really helped me to compile and edit it in both Sanskrit and Urdu languages. I think we have been successful in this mission however if some omissions still remain, I request readers and devotees to bring it in our knowledge so that we could do whatever is possible to improvise in the next edition with the blessings of Lord Krishna.

It is needless to say that Kripalu Ji Maharaj of Kripalu Parishat is inspiring me since 2016 and listening to his teachings has helped me start my spiritual journey with embracing Bhagavad Gita in such a beautiful way.

–Chaman Lal Pandita

Acknowledgements

Prof. A.N. Sadhu

A well-known philanthropist, educationist and a reputed social activist. His wisdom and guidance have always helped me in achieving my social and spiritual goals. He has always been a motivation for me.

Sh. L.D. Koul

An eminent religious scholar and a social activist. He has been my friend and guide who has helped me in streamlining this work by editing the content and making this pious work a success.

Contents

ॐ श्रीपरमात्मने नमः

اوم شری پرماتمنے نمہ

धृतराष्ट्र उवाच

धर्मक्षेत्रे कुरुक्षेत्रे, समवेता युयुत्सवः ।
मामकाः पाण्डवाश्चैव, किम् अकुर्वत संजय ॥१.१॥

دهرت راشٹر اُواچ

(1) دهرم کهیتر ے کرُو کهیتر ے سمویتا یُیوتسوا
مام کا پانڈوا چئے و کم اکوروت سنجیہ

संजय उवाच

दृष्ट्वा तु पाण्डवानीकं, व्यूढं दुर्योधनस् तदा ।
आचार्यम् उपसंगम्य, राजा वचनम् अब्रवीत् ॥१.२॥

سنجے اُواچ

(2) درشٹوا تو پانڈوا نیکم ویو ڈھم دریودھندا
آچاریم اُپ سنگمیہ راجا وچنم البرویت

पश्यैतां पाण्डुपुत्राणाम्, आचार्य महतीं चमूम् ।
व्यूढां द्रुपदपुत्रेण, तव शिष्येण धीमता ॥१.३॥

(3) پشئے تام پانڈو پُترانام آچاریہ مہتیم چموم
ویوڈام دروپد پوترینہ تو ششینہ دی متہ

अत्र शूरा महेष्वासा, भीमार्जुनसमा युधि ।
युयुधानो विराटश्च, द्रुपदश्च महारथः ॥१.४॥

(4) اتر شورا ہے شواسا بھیم ارجن سما یُدھی
یُیو دانو وراٹشچہ دروپہ دشچہ مہارتھا

धृष्टकेतुश् चेकितानः, काशिराजश्च वीर्यवान् ।
पुरुजित् कुन्तिभोजश्च, शैब्यश्च नरपुङ्गवः ॥१.५॥

(5) درشٹہ کیتُش چکی تانا کاشہ راجشچہ ویر یوان
پوُرِجت کنُتی بھوجشچہ شوب یشچہ نرُپنگہ واہ

युधामन्युश्च विक्रान्त, उत्तमौजाश्च वीर्यवान् ।
सौभद्रो द्रौपदेयाश्च, सर्व एव महारथाः ॥१.६॥

(6) یُدا منیو شچہ وِکرانتہ اُتّموجشچہ وِریوان
سو بدھرو دروپدے یاشچہ سرو ایو مہارتھہ

अस्माकं तु विशिष्टा ये, तान् निबोध द्विजोत्तम ।
नायका मम सैन्यस्य, संज्ञार्थं तान् ब्रवीमि ते ॥१.७॥

(7) اسما کمتو وِشٹٹائے تان بوُدھ دِجوتّمہ
نایہ کامہ سنیہ سہ سنگیارتھہ تان بھروی متے

भवान् भीष्मश्च कर्णश्च, कृपश्च समितिंजयः ।
अश्वत्थामा विकर्णश्च, सौमदत्तिस् तथैव च ॥१.८॥

(8) بھوان بھشمشچہ کرنشچہ کرپشچہ سم تنجیہ
اشو تھاما وِکرنشچہ سوم دتہ سہ تتھے وچہ

अन्ये च बहवः शूरा, मदर्थे त्यक्तजीविताः ।
नानाशस्त्रप्रहरणा:, सर्वे युद्धविशारदाः ॥१.९॥

(9) انئے چہ بہوا شورا مدارتھی تیوکتہ جیوتاہ
ناناشستر پرہہ رناہ سروے یُدھ وِشارداہ

अपर्याप्तं तद् अस्माकं, बलं भीष्माभिरक्षितम् ।
पर्याप्तं त्विदम् एतेषां, बलं भीमाभिरक्षितम् ॥१.१०॥

(10) اپر یافتم تد سماکم بلم بھشما بھر کھشتم
پریا فتم تدے تیشام بلم بھیما بھر کھشتم

अयनेषु च सर्वेषु, यथाभागम् अवस्थिताः ।
भीष्मम् एवाभिरक्षन्तु, भवन्तः सर्व एव हि ॥१.११॥

(11) ایہ نی شُوچہ سروے شو یتھا بھاگم اوستھتاہ
بھشم ایوہ بِھر رکھشن تو بھونتہ سرو ایو ہے

तस्य संजनयन् हर्षं, कुरुवृद्धः पितामहः ।
सिंहनादं विनद्योच्चैः, शङ्खं दध्मौ प्रतापवान् ॥१.१२॥

(12) تسہ سم جنہ ین ہرشم کورو ورِدھہ پِتامہہ
سِمہا نادم وِنہ دیوِیَّچہ شنکھم ددموپرتا پوان

ततः शङ्खाश्च भेर्यश्च, पणवानकगोमुखाः ।
सहसैवाभ्यहन्यन्त, स शब्दस् तुमुलोऽभवत् ॥१.१३॥

(13) تتہ شنکھشچہ بِھر یشچہ پنوان گگو مُکھا
سہہ سیوا بِھہ ہن یتہ سہ شبدس تملُو بھوت

ततः श्वेतैर् हयैर् युक्ते, महति स्यन्दने स्थितौ ।
माधवः पाण्डवश्चैव, दिव्यौ शङ्खौ प्रदध्मतुः ॥१.१४॥

(14) تتہ شو یئے تیر ہیر یُکتے مہتہ سندینہ سِتھتو
مادھوا پانڈوش چِئے و دِویو شنکھو پردومتہ

पाञ्चजन्यं हृषीकेशो, देवदत्तं धनंजयः ।
पौण्ड्रं दध्मौ महाशङ्खं, भीमकर्मा वृकोदरः ॥१.१५॥

(15) پنچ جن یم ہرشی کیشو دیو دتم دنجیہ
پونڈرم ددمومہا شنکھم بھیم کرمہ وِرکودراہ

अनन्तविजयं राजा, कुन्तीपुत्रो युधिष्ठिरः ।
नकुलः सहदेवश्च, सुघोषमणिपुष्पकौ ॥१.१६॥

(16) اننته وجیم راجا   کنتی پترو یدھشٹراہ
نکلاہ سہدیوچہ   سگوش منی پش پکو

काश्यश्च परमेष्वासः, शिखण्डी च महारथः ।
धृष्टद्युम्नो विराटश्च, सात्यकिश्चापराजितः ॥१.१७॥

(17) کاشچہ پرمے شواسہ   شِکھنڈی چہ مہارتھاہ
دھرشٹ دِمنو وِراٹشچہ   ساتکس چہ پراجِتہ

द्रुपदो द्रौपदेयाश्च, सर्वशः पृथिवीपते ।
सौभद्रश्च महाबाहुः, शङ्खान् दध्मुः पृथक् पृथक् ॥१.१८॥

(18) درپدو دروپدی یشچہ   سروشہ پرتھوی پتے
سو   بھرشچہ مہاباہو   شنکھ دمو پرتھک پرتھک

स घोषो धार्तराष्ट्राणां, हृदयानि व्यदारयत् ।
नभश्च पृथिवीं चैव, तुमुलो व्यनुनादयन् ॥१.१९॥

(19) سہ گوشو دھرترشٹانام   ہردیانے وِدیاریت
نبشچہ پرتھوم چے و   تُمَلو وینہ نادین

अथ व्यवस्थितान् दृष्ट्वा, धार्तराष्ट्रान् कपिध्वजः ।
प्रवृत्ते शस्त्रसंपाते, धनुर् उद्यम्य पाण्डवः ॥१.२०॥

(20) اتھ ویوستھتان دِرشٹہ وا   دھارتراشٹران کپے دھوجہ
پرورتے شستر سمپاتے   دھنُر اُدمایہ پانڈوہ

हृषीकेशं तदा वाक्यम्, इदम् आह महीपते ।
अर्जुन उवाच
सेनयोर् उभयोर् मध्ये, रथं स्थापय मेऽच्युत ॥१.२१॥

(21) ہرشی کیشم تدا واکیم   ایدم آہا مہی پتے
ارجن اُواچ
سینہ یور اُبھہ یور مدھے   رتھم ستھاپیہ می چتے

यावद् एतान् निरीक्षेऽहं, योद्धुकामान् अवस्थितान् ।
कैर् मया सह योद्धव्यम्, अस्मिन् रणसमुद्यमे ।।१.२२।।

(22) یاود ایتان نیری کھیہم   یُدھہ کامان اوستھتان
کئے   رمایا   سہ یودویم   اَسمِن رن سم اُدھے

योत्स्यमानान् अवेक्षेऽहं, य एतेऽत्र समागताः ।
धार्तराष्ट्रस्य दुर्बुद्धेर्, युद्धे प्रियचिकीर्षवः ।।१.२३।।

(23) یوتسیہ مانان اویکھیہم   یئے   تیتر سماگتہ
دھترا شٹہ سیہ دُربدھیہ   یدھے پریہ چکیر شوہ

संजय उवाच

एवम् उक्तो हृषीकेशो, गुडाकेशेन भारत ।
सेनयोर् उभयोर् मध्ये, स्थापयित्वा रथोत्तमम् ।।१.२४।।

سنجے اُواچ

(24) ایوم اکتو ہرشی کیشو   گڈا کیشنہ بھارتہ
سینہ یور اُبھہ یور مدھے   ستھا پِتوا رتھوتم

भीष्मद्रोणप्रमुखतः, सर्वेषां च महीक्षिताम् ।
उवाच पार्थ पश्यैतान्, समवेतान् कुरून् इति ।।१.२५।।

(25) بھشم درونہ پر موکھتہ   سروے شام چہ مہی کھِتام
اُواچہ پارتھہ پشئے تان   سم وے تان کورُو نتی

तत्रापश्यत् स्थितान् पार्थः, पितॄन् अथ पितामहान् ।
आचार्यान् मातुलान् भ्रातॄन्, पुत्रान् पौत्रान् सखींस् तथा

(26) تترا پشیت ستھان پارتھہ   پتری نہ اتھہ پتامہہ
آچاریان ماتولان بھراتن   پُتران پَوتران سکھینس تتھا

श्वशुरान् सुहृदश्चैव, सेनयोर् उभयोर् अपि ।
तान् समीक्ष्य स कौन्तेयः, सर्वान् बन्धून् अवस्थितान्

(27) ششروان سوہردش چئے و   سینہ یور اُبھ یوراپے
تان سمی کھیسہ کونیتہ   سروان بندون اوستھتان

कृपया परयाविष्टो, विषीदन्न् इदम् अब्रवीत् ।
अर्जुन उवाच
दृष्ट्वेमं स्वजनं कृष्ण, युयुत्सुं समुपस्थितम् ॥१.२८॥

(28) کرپیا پریا   وِشٹو   وِشی دن اِدھم بھروت
ارجن اُواچ
درشٹہ مم سجنم کرشنہ   یُیوتسم سم اُپستھتم

सीदन्ति मम गात्राणि, मुखं च परिशुष्यति ।
वेपथुश्च शरीरे मे, रोमहर्षश्च जायते ॥१.२९॥

(29) سیدھنتے ممہ گاتران   مُکھم چہ پرشو شیتے
ولپوتھشٹچہ شریر ے   رومہ ہرشچہ جا ئتے

गाण्डीवं स्रंसते हस्तात्, त्वक् चैव परिदह्यते ।
न च शक्नोम्य् अवस्थातुं, भ्रमतीव च मे मनः ॥१.३०॥

(30) گانڈی وم سرم ستے ہستات   تیوکچئے وا پر دیہتے
نچہ شکہ نو مئے اوستھاتم   بھرم تیوچہ ے منہ

निमित्तानि च पश्यामि, विपरीतानि केशव ।
न च श्रेयोऽनुपश्यामि, हत्वा स्वजनम् आहवे ॥१.३१॥

(31) نِم تّان چہ پشیامے   وِپری تان کیشوا
نچہ شریو پُش یامے   ہتواسہ جنم آ ہوے

न काङ्क्षे विजयं कृष्ण, न च राज्यं सुखानि च ।
किं नो राज्येन गोविन्द, किं भोगैर् जीवितेन वा ॥१.३२॥

(32) نہ کا نکھشے وجیم کرشنہ   نہ چہ راجم سُکھا نہ چہ
کم نو راجین گوبِند   ِکم بھوگر جیوتے نوا

येषाम् अर्थे काङ्क्षितं नो, राज्यं भोगाः सुखानि च ।
त इमेऽवस्थिता युद्धे, प्राणांस् त्यक्त्वा धनानि च ॥

(33) اے شام ارتھے کانکتھم نو راجم بھوگا سکھانچ
تِیے ے ووستھتا یدّھے پرانان تیوکتا دھنانی چ

आचार्याः पितरः पुत्रास्, तथैव च पितामहाः ।
मातुलाः श्वशुराः पौत्राः, श्यालाः संबन्धिनस् तथा ॥१.३४॥

(34) آچاریہ پتِرہ پُترا تتھَے وچ پِتا مہہ
ماتولا ششرا پَوترا شالہ سمبند ھنستتھا

एतान् न हन्तुम् इच्छामि, घ्नतोऽपि मधुसूदन ।
अपि त्रैलोक्यराज्यस्य, हेतोः किं नु महीकृते ॥१.३५॥

(35) ایتانہ ہن توم اچھیاے گن توپے مدھوسودھنہ
اپہ تریلوکی راجسے ہیتو کمنو مہی کرتے

निहत्य धार्तराष्ट्रान् नः, का प्रीतिः स्याज् जनार्दन ।
पापम् एवाश्रयेद् अस्मान्, हत्वैतान् आततायिनः ॥१.३६॥

(36) نہتے دھاتراشٹرا نام کاپریتی سیاج جناردھنہ
پاپم ایوہ شریت اسمان ہتوائے تانا تایینہ

तस्मान् नार्हा वयं हन्तुं, धार्तराष्ट्रान् स्वबान्धवान् ।
स्वजनं हि कथं हत्वा, सुखिनः स्याम माधव ॥१.३७॥

(37) تسمات نارہہ ویم ہنتُم دھاتراشٹران سوابان دھواان
سجنم ہی کتھم ہتوا سُکھنم سیام مادھوا

यद्यप्येते न पश्यन्ति, लोभोपहतचेतसः ।
कुलक्षयकृतं दोषं, मित्रद्रोहे च पातकम् ॥१.३८॥

(38) یدَ اپے تے نہ پشینتے لوبھو پہت چے تسہ
کُلہ کھیے کرتم دوشم مِتر دروہے چ پاتکم

कथं न ज्ञेयम् अस्माभिः, पापाद् अस्मान् निवर्तितुम् ।
कुलक्षयकृतं दोषं, प्रपश्यद्भिर् जनार्दन ॥१.३९॥

(39) کتھم نہ جیم اسمابے پاپات اسمان نورتیتم
کلہ کھیے کرتم دوشم پرپہ شدیر بھیر جناردھنہ

कुलक्षये प्रणश्यन्ति, कुलधर्माः सनातनाः ।
धर्मे नष्टे कुलं कृत्स्नम्, अधर्मोऽभिभवत्युत ॥१.४०॥

(40) کلہ کھیے پر نہ شہ ینتے کلہ دھرم ساناتنہ
دھرے نشٹے کلم کرتسنم ادھر مو بھی بھو تیوتہ

अधर्माभिभवात् कृष्ण, प्रदुष्यन्ति कुलस्त्रियः ।
स्त्रीषु दुष्टासु वार्ष्णेय, जायते वर्णसंकरः ॥१.४१॥

(41) ادھر مابھے بھوات کرشنہ پر دُھو شنتے کلستریا
ستری شو دوشٹاسو ورسیہ جایتے ورنہ سنکرا

संकरो नरकायैव, कुलघ्नानां कुलस्य च ।
पतन्ति पितरो ह्येषां, लुप्तपिण्डोदकक्रियाः ॥१.४२॥

(42) سنکرو نرکائے و کلگنا نام کلہ سچہ
پتنتے پترو ہے شام لپتہ پنڈو دکہ کریا

दोषैर् एतैः कुलघ्नानां, वर्णसंकरकारकैः ।
उत्साद्यन्ते जातिधर्माः, कुलधर्माश्च शाश्वताः ॥१.४३॥

(43) دوشیرے تیّے کلگنانا ورنہ سنکر کار کئی
اُتسادنتے جاتہ دھرمہ کلہ دھرمہ چہ شا شوتا

उत्सन्नकुलधर्माणां, मनुष्याणां जनार्दन ।
नरकेऽनियतं वासो, भवतीत्यनुशुश्रुम ॥१.४४॥

(44) اُتسانہ کلہ دھرمانام منش شانام جناردھنہ
نرکے نیتم واسو بھوتی تے انو شو شُرما

अहो बत महत् पापं, कर्तुं व्यवसिता वयम् ।
यद् राज्यसुखलोभेन, हन्तुं स्वजनम् उद्यताः ॥१.४५॥

(45) اہو بھتہ مہا پاپم کرتم دیا وِستہ ویم
یدارجہ سُکھالو بھینہ ہنتم سجنم اُدھیاتہ

यदि माम् अप्रतीकारम्, अशस्त्रं शस्त्रपाणयः ।
धार्तराष्ट्रा रणे हन्युस्, तन् मे क्षेमतरं भवेत् ॥१.४६॥

(46) یدِ مام اپرتی کارم اشسترم شسترپانیہ
دھاترا شٹرا رنے ہنُیس تن مے کھیمترم بھویت

संजय उवाच
एवम् उक्त्वार्जुनः संख्ये, रथोपस्थ उपाविशत् ।
विसृज्य सशरं चापं, शोकसंविग्नमानसः ॥१.४७॥

سنجے اُواچ

(47) ایوم اُکتو جنار سنکھے رتھو پستھہ اُپا وِشت
وِسرج سہ شرم چاپم شوکہ سم وِگنہ مانسہ

ॐ तत्सदिति श्रीमद् भगवद्गीता
اوم تت ست اِتی شریمد بھگوت گیتا

सु उपनिषद सु भ्रम विद्यायाम योग शास्त्र
سُہ پنیہ شت سُو بھرم وِدھیایام یوگ شاسترے

श्रीकृष्ण अर्जुन संवादे अर्जुनविषादयोगो नाम प्रथमोऽध्यायः ॥
شری کرشن ارجُن سمواد ے ارجُن وشاد یوگو نام پرتھموادھیایہ

ॐ श्रीपरमात्मने नमः

اوم شری پر ماتمنے نمہ

संजय उवाच

तं तथा कृपयाविष्टम्, अश्रुपूर्णाकुलेक्षणम् ।
विषीदन्तम् इदं वाक्यम्, उवाच मधुसूदनः ।।२.१।।

سنجے اُواچ

(1) تم تتھا کرپیا وِشٹم اشرو پورنا کولیئے کھنم
وشی دنتم اِیدم وایکم اُواچہ مدھو سودھنہ

श्रीभगवानुवाच

कुतस्त्वा कश्मलम् इदं, विषमे समुपस्थितम् ।
अनार्यजुष्टम् अस्वर्ग्यम्, अकीर्तिकरम् अर्जुन ।।२.२।।

شری بھگوان اُواچ

(2) کُتستوا کش ملم ایدم وِشمے سم اُپستھتم
اناریہ جشٹم اسُورگیم اکیرتی کرمُ ارجُنہ

क्लैब्यं मा स्म गमः पार्थ, नैतत् त्वय्य् उपपद्यते ।
क्षुद्रं हृदयदौर्बल्यं, त्यक्त्वोत्तिष्ठ परंतप ।।२.३।।

(3) کلِہ بھیم ماسم گما پارتھہ نئیے تت توئی اُپ پدیتے
شودرم ہردیہ دَوربلیم تیو کتہ تشٹہ پرن تپہ

अर्जुन उवाच
कथं भीष्मम् अहं संख्ये, द्रोणं च मधुसूदन ।
इषुभिः प्रतियोत्स्यामि, पूजार्हाव् अरिसूदन ॥२.४॥

ارجن اُواچ

(4) کتھم بھِشم اہم سنکھیے   درونم چہ مدُھو سودھنہ
اِشوبھی پرتیہ یوت سیامی   پوجارہو اری سُودنہ

गुरून् अहत्वा हि महानुभावान् श्रेयो भोक्तुं भैक्ष्यम् अपीह लोके ।
हत्वार्थकामांस् तु गुरून् इहैव भुञ्जीय भोगान् रुधिरप्रदिग्धान् ॥२.५॥

(5) گورون اہتوا ہہ مِہان بھاوا   شریو بھوکتم بھکشیم اپہ ہہ لوکے
ہتوارتھہ کامان تو گورون اہی ایو   بھونجی بھوگان رُودرہ پرِدگدان

न चैतद् विद्मः कतरन् नो गरीयो यद् वा जयेम यदि वा नो जयेयुः ।
यान् एव हत्वा न जिजीविषामस् तेऽवस्थिताः प्रमुखे धार्तराष्ट्राः ॥२.६॥

(6) نہ چئے ایتت وِدھوم کتر نو گری یو   یدوا جیم یدی وا نو جئے یو
یاینو ہتوا نہ جِجی وِشامس   تے اوستھتا پرموکھے دھارتراشٹہ

कार्पण्यदोषोपहतस्वभावः पृच्छामि त्वां धर्मसंमूढचेताः ।
यच्छ्रेयः स्यान् निश्चितं ब्रूहि तन् मे शिष्यस् तेऽहं शाधि मां त्वां प्रपन्नम् ॥२.७॥

(7) کارپنیہ دوشو پہت تسو بھاوو   پرچھائے توام دھرم سم موڑ چِتا
یت شریے یاہ سیات نِچِتم بروہی تنہ مے   شیشش تے اہم شادِ مام توام پرپنم

न हि प्रपश्यामि ममापनुद्याद् यच्छोकम् उच्छोषणम् इन्द्रियाणाम् ।
अवाप्य भूमाव् असपत्नम् ऋद्धं राज्ये सुराणाम् अपि चाधिपत्यम् ॥२.८॥

(8) نہ ہی پرپہ شیام مم آپنو دیات   یت شوکم اُچھوشم اِندریانام
اواپے بھوما اسپتنم رِدھم   راجم سُرانام اپہ چادِ پتیم

12

संजय उवाच

एवम् उक्त्वा हृषीकेशं, गुडाकेशः परंतप ।
न योत्स्य इति गोविन्दम्, उक्त्वा तूष्णीं बभूव ह ॥२.९॥

سنجے اُواچ

(9) ايوم اکتوا ہرشی کيشم   گُڑا کيشہ پرم   تپہ
نہ   يوتسيہ ايتی گووندم   اکتو توُشنيم ببھووہہ

तम् उवाच हृषीकेशः, प्रहसन्न् इव भारत ।
सेनयोर् उभयोर् मध्ये, विषीदन्तम् इदं वचः ॥२.१०॥

(10) توم اُواچہ ہرشی کيشہ   پر ہہ سن ايوَ بھارتہ
سينہ يور اُبھ يور مدھے   ويشی دھن تم ايدم وچہ

श्रीभगवानुवाच

अशोच्यान् अन्वशोचस् त्वं, प्रज्ञावादांश्च भाषसे ।
गतासून् अगतासूंश्च, नानुशोचन्ति पण्डिताः ॥२.११॥

شری بھگوان اُواچ

(11) اشوچان انو شوچس   توم   پر گيا وادانشچ بھاشسے
گتہ سونہ اگتہ شو نشچہ   نانو شو   چنتہ پنڈتا

न त्वेवाहं जातु नासं, न त्वं नेमे जनाधिपाः ।
न चैव न भविष्यामः, सर्वे वयम् अतः परम् ॥२.१२॥

(12) نہ توےَ واہم جاتو ناسم   نہ توم نہ اِےَ جنادپہ
نہ   چےَ و بھوشيام سروے ويمت پرم

देहिनोऽस्मिन् यथा देहे, कौमारं यौवनं जरा ।
तथा देहान्तरप्राप्तिर्, धीरस् तत्र न मुह्यति ॥२.१३॥

(13) ديہی نو اسمن يتھا ديہی   کُمارم يووَنم جرا
تتھا دے ہنتر پراپتہ پر   ديرس تتر نہ موہتے

मात्रास्पर्शास् तु कौन्तेय, शीतोष्णसुखदुःखदाः ।
आगमापायिनोऽनित्यास्, तांस् तितिक्षस्व भारत ॥२.१४॥

(14) ماترا سپراشتو کونتیہ شیتو شینہ سُکھہ دُکھدا
آگم پاینہ انیتہ تان تتکشو بھارتہ

यं हि न व्यथयन्त्येते, पुरुषं पुरुषर्षभ ।
समदुःखसुखं धीरं, सोऽमृतत्वाय कल्पते ॥२.१५॥

(15) یم ہی نہ وِتھینتی تے پوروشم پُرشر شبھہ
سم دُکھ سُکھم دھیرم سو امرتہ توایہ کلہ پتے

नासतो विद्यते भावो, नाभावो विद्यते सतः ।
उभयोर् अपि दृष्टोऽन्तस्, त्व् अनयोस् तत्त्वदर्शिभिः ॥२.१६

(16) ناستو وِدتے بھاوو نہ ابھاوو ودتے ستہ
اُبھہ یور اپہ درشٹو انتہ تو انہ یو تتو درشہ بھی

अविनाशि तु तद् विद्धि, येन सर्वम् इदं ततम् ।
विनाशम् अव्ययस्यास्य, न कश्चित् कर्तुम् अर्हति ॥२.१७॥

(17) اوِناشی توتت وِدھی یئن سروم ایدم تتم
وِناشم اوِیہ یہ سیاسی نہ کشچِت کرتُم ارہتی

अन्तवन्त इमे देहा, नित्यस्योक्ताः शरीरिणः ।
अनाशिनोऽप्रमेयस्य, तस्माद् युध्यस्व भारत ॥२.१८॥

(18) انت ونتہ اِے دیہا نیتہ سو یکتا شریرناہ
اناشِنو اپر یم یسہ تسمات یُدھ سو بھارتہ

य एनं वेत्ति हन्तारं, यश्चैनं मन्यते हतम् ।
उभौ तौ न विजानीतो, नायं हन्ति न हन्यते ॥२.१९॥

(19) ے اینم ویت ہتارم یشچہ ینم منہ یتے ہتم
اُبھو تو نہ وِجانی تو نایم ہنتہ نہ ہنہ یتے

न जायते म्रियते वा कदाचिन् नायं भूत्वा भविता वा न भूयः ।
अजो नित्यः शाश्वतोऽयं पुराणो न हन्यते हन्यमाने शरीरे ॥२.२०॥

(20) نه جاتے مرِيتے واکداچِت   نايم ڀُوتوا ڀوِتہ وانہ ڀُويا
اجونِتيہ   شاشتويم   پورانو   ناہنہ يتے ہنہ مانے شريرے

वेदाविनाशिनं नित्यं, य एनम् अजम् अव्ययम् ।
कथं स पुरुषः पार्थ, कं घातयति हन्ति कम् ॥२.२१॥

(21) ويدا   وِناشِنم   نيتيم   يہ اِنم اجم اوے يم
کتھم سہ   پورشہ پارتھہ   کم گھات يتي ہنتي کم

वासांसि जीर्णानि यथा विहाय नवानि गृह्णाति नरोऽपराणि ।
तथा शरीराणि विहाय जीर्णान्य् अन्यानि संयाति नवानि देही ॥२.२२॥

(22) واسان سي جيرنانِي يتھا وہايہ   نوانِ گِرہ نابتہ نروپرانِي
تتھا شريران وِہايہ جيرنان   انيان سنيانہ نوانِ ديہي

नैनं छिन्दन्ति शस्त्राणि, नैनं दहति पावकः ।
न चैनं क्लेदयन्त्यापो, न शोषयति मारुतः ॥२.२३॥

(23) نائي نم چھند نتہ شستر انِہ   نينم ديہتہ پاوکہ
نہ چينم کلے دھنيتہ آپو نہ شوشيستہ ماروتہ

अच्छेद्योऽयम् अदाह्योऽयम्, अक्लेद्योऽशोष्य एव च ।
नित्यः सर्वगतः स्थाणुर्, अचलोऽयं सनातनः ॥२.२४॥

(24) اچھے دويم ادا يويم   اکلے ديوا شوشہ اي وچہ
نيتہ   سروگتہ تھانو اچلو   ايم   سناتنہ

अव्यक्तोऽयम् अचिन्त्योऽयम्, अविकार्योऽयम् उच्यते ।
तस्माद् एवं विदित्वैनं, नानुशोचितुम् अर्हसि ॥२.२५॥

(25) اويکتو ايم اچِنتيويم اوِکار يويم اُچتے
تسمات ايوم وِدتوايم نانو شوچتم ارہسي

15

अथ चैनं नित्यजातं, नित्यं वा मन्यसे मृतम् ।
तथापि त्वं महाबाहो, नैवं शोचितुम् अर्हसि ॥२.२६॥

(26) اتھ چَے نم نِتے جاتم نِتم وامنہ یسے مِرتم
تھاپے توم مہا باہو نیوم شوچِتم ارسے

जातस्य हि ध्रुवो मृत्युर, ध्रुवं जन्म मृतस्य च ।
तस्माद् अपरिहार्येऽर्थे, न त्वं शोचितुम् अर्हसि ॥२.२७॥

(27) جاتسہ ہی دروو مرِتیو دُروم جنم مرتسہ چہ
تسمات اپر ہرِے ارتھہ نا توم شوچِتم ارسِہی

अव्यक्तादीनि भूतानि, व्यक्तमध्यानि भारत ।
अव्यक्तनिधनान्येव, तत्र का परिदेवना ॥२.२८॥

(28) اویکتہ دینی بھُوتانی ویکتم دھیانی بھارتہ
اویکتا نِدنانہ ایوہ تترہ کا پر دیونا

आश्चर्यवत् पश्यति कश्चिद् एनम् आश्चर्यवद् वदति तथैव चान्यः ।
आश्चर्यवच्चैनम् अन्यः शृणोति श्रुत्वाप्येनं वेद न चैव कश्चित् ॥२.२९॥

(29) آشچریہ وت پشتہ کیشچِت اینم آشچریہ دت ودتی تتھَے وچانیہ
آشچریہ وت چَینم انیا شرنوتے شرتواپے اینم ویدناچِے وکشچِت

देही नित्यम् अवध्योऽयं, देहे सर्वस्य भारत ।
तस्मात् सर्वाणि भूतानि, न त्वं शोचितुम् अर्हसि ॥२.३०॥

(30) دیہی نیتم اوِدھ یویم دیہے سروسہ بھارتہ
تسمات سرواِن بھُوتاِن نہ توم شوچِتم ارہسی

स्वधर्मम् अपि चावेक्ष्य, न विकम्पितुम् अर्हसि ।
धर्म्याद्धि युद्धाच्छ्रेयोऽन्यत्, क्षत्रियस्य न विद्यते ॥२.३१॥

(31) سُودھرم اپ چا وِکشہ ناوِکم پِتم ارہی
دھرمات ہی یُدھات شریہ انیتہ کھشیتر سیہ نہ وِدتے

यदृच्छया चोपपन्नं, स्वर्गद्वारम् अपावृतम् ।
सुखिनः क्षत्रियाः पार्थ, लभन्ते युद्धम् ईदृशम् ॥२.३२॥

(32) یدھر چھایہ چوپنم سورگہ دارم اپ ورتم
شُکھناہ کھیتریا پارتھ لبھنتے یُدم ایدرشم

अथ चेत् त्वम् इमं धर्म्य, संग्रामं न करिष्यसि ।
ततः स्वधर्म कीर्तिं च, हित्वा पापम् अवाप्स्यसि ॥२.३३॥

(33) اتھ چیتوم اِم دھرم یم سنگرام نہ کرِشہ یسہ
تت سودھرم کِرتم چہ ہتوا پاپم اواپہ سیاسی

अकीर्तिं चापि भूतानि, कथयिष्यन्ति तेऽव्ययाम् ।
संभावितस्य चाकीर्तिर्, मरणाद् अतिरिच्यते ॥२.३४॥

(34) اِکرتم چاپیہ بھوتانی کتھہ یشہ ینتی تے اویایم
سمبھاوِ تسیٔ چا اکرتہ مرنات اتِرچتے

भयाद् रणाद् उपरतं, मंस्यन्ते त्वां महारथाः ।
येषां च त्वं बहुमतो, भूत्वा यास्यसि लाघवम् ॥२.३५॥

(35) بھیات رنات اُوپرتم من سینتے توام مہارتھہ
یشام چہ توم بہو متو یُوتوا یاسسیہ لاگوم

अवाच्यवादांश्च बहून्, वदिष्यन्ति तवाहिताः ।
निन्दन्तस् तव सामर्थ्यं, ततो दुःखतरं नु किम् ॥२.३६॥

(36) اواچہ وادان چہ بہون ودی شنتی تواہِتہ
نندتہ توہ سامرتھیم توو دُکھہ ترم نوکم

हतो वा प्राप्स्यसि स्वर्गं, जित्वा वा भोक्ष्यसे महीम् ।
तस्माद् उत्तिष्ठ कौन्तेय, युद्धाय कृतनिश्चयः ॥२.३७॥

(37) ہتوا پراپہ یسی سُرگم جِتوا وا بھوکھشہ یسہ مہیم
تسمات اُتشٹھ کونتیہ یدھا یہ کرتہ نِشچیہ

सुखदुःखे समे कृत्वा, लाभालाभौ जयाजयौ ।
ततो युद्धाय युज्यस्व, नैवं पापम् अवाप्स्यसि ॥१२.३८॥

(38) شُکھ دُکھے سمے کرتوا لابھا لابھوجیہ جیو
تو یدھا یہ یُجّہ سوہ نیوم پاپم اواپہ سیسی

एषा तेऽभिहिता सांख्ये, बुद्धिर् योगे त्व् इमां शृणु ।
बुद्ध्या युक्तो यया पार्थ, कर्मबन्धं प्रहास्यसि ॥१२.३९॥

(39) ای شیاتے ابہہ تا سنکھیے بُدھر یوگے تو اِمام شرنو
بُدھیا یکتو یہہ پارتھہ کرم بندھن پرہا سیسی

नेहाभिक्रमनाशोऽस्ति, प्रत्यवायो न विद्यते ।
स्वल्पम् अप्य् अस्य धर्मस्य, त्रायते महतो भयात् ॥१२.४०॥

(40) نے اِہا ایکرم ناشو استے پرِتہ وایونہ وِدتے
سوپلم اپہ اسے دھرمسہ ترایتے مہتو بھیات

व्यवसायात्मिका बुद्धिर्, एकेह कुरुनन्दन ।
बहुशाखा ह्य् अनन्ताश्च, बुद्धयोऽव्यवसायिनाम् ॥१२.४१॥

(41) ویوسا یاتمکا بدھی اِہ کورو نندنہ ایکیہ
بہوشاکھا ہہ انن تاچہ بُدھیو ایووہ سا ینام

याम् इमां पुष्पितां वाचं, प्रवदन्त्य् अविपश्चितः ।
वेदवादरताः पार्थ, नान्यद् अस्तीति वादिनः ॥१२.४२॥

(42) یام اِمام پشُپِتام واچم پرودنتہ اوِپشِچتہ
ویدوا دھِرتا پارتھہ نہ انیہ استی وادِنہ

कामात्मानः स्वर्गपरा, जन्मकर्मफलप्रदाम् ।
क्रियाविशेषबहुलां, भोगैश्वर्यगतिं प्रति ॥१२.४३॥

(43) کام آتمنہ سورگہ پرا جنم کرمہ پھلہ پردام
کریا وِشے شہ بہولام بھوگ آیشوریہ گتم پرتی

भोगैश्वर्यप्रसक्तानां, तयापहृतचेतसाम् ।
व्यवसायात्मिका बुद्धिः, समाधौ न विधीयते ॥२.४४॥

(44) بھوگیشوریہ پرسکتانام تیہ اپرہتہ چیت سام
ویو سایا تمکہ بدھی سمادھونہ ودھی یتے

त्रैगुण्यविषया वेदा, निस्त्रैगुण्यो भवार्जुन ।
निर्द्वन्द्वो नित्यसत्त्वस्थो, निर्योगक्षेम आत्मवान् ॥२.४५॥

(45) تری گونہ وشیہ ویدا نستریٔ گنہ یو بھو ارجنہ
نردوندو نیتہ ست وستھہ نریوگ کھیم آتم دان

यावानर्थ उदपाने, सर्वतः संप्लुतोदके ।
तावान् सर्वेषु वेदेषु, ब्राह्मणस्य विजानतः ॥२.४६॥

(46) یاوان ارتھہ اُدپانے سروتہ سمپلو تودکے
تاوان سروے شوے دے شو برہم نسہ وجانتہ

कर्मण्येवाधिकारस्ते, मा फलेषु कदाचन ।
मा कर्मफलहेतुर् भूर्, मा ते सङ्गोऽस्त्व् अकर्मणि ॥२.४७॥

(47) کرمنے ایو ادِکارستے ماپھلے شو کداچنہ
ماکرم پھلہ ہے توربھُوما تے سنگوستوا کرمنے

योगस्थः कुरु कर्माणि, सङ्गं त्यक्त्वा धनंजय ।
सिद्ध्यसिद्ध्योः समो भूत्वा, समत्वं योग उच्यते ॥२.४८॥

(48) یوگستھہ کورو کرمانہ سنگم توکتوا دنجیہ
سدھی اسدھیو سمو بھوتوا سمتم یوگ اُچتے

दूरेण ह्यवरं कर्म, बुद्धियोगाद् धनंजय ।
बुद्धौ शरणम् अन्विच्छ, कृपणाः फलहेतवः ॥२.४९॥

(49) دُورینہ ہے آورم کرمہ بدھی یوگات دنجیہ
بدھو شرنم انی وچھ کرِپنا پھلہ ہیتواہ

बुद्धियुक्तो जहातीह, उभे सुकृतदुष्कृते ।
तस्माद् योगाय युज्यस्व, योगः कर्मसु कौशलम् ॥२.५०॥

(50) بُدھی یکتو جہاتہ اِہ اُبھے سُکرتہ دُشکرتے
تسمات یوگایہ یجسیو یوگہ کرمہ سُو کوشلم

कर्मजं बुद्धियुक्ता हि, फलं त्यक्त्वा मनीषिणः ।
जन्मबन्धविनिर्मुक्ताः, पदं गच्छन्त्य् अनामयम् ॥२.५१॥

(51) کرمجم بُدھ یکتاہی پھلم تیوکتا منی شنہ
جنم بندھ ونِر مُکتا پدم گُچھنت انامیم

यदा ते मोहकलिलं, बुद्धिर् व्यतितरिष्यति ।
तदा गन्तासि निर्वेदं, श्रोतव्यस्य श्रुतस्य च ॥२.५२॥

(52) یداتے موہہ کللم بدھیر ویتہ ترشیتے
تدا گنتاسہ نِرویدم شروتو ویاسہ شرتوسہ چہ

श्रुतिविप्रतिपन्ना ते, यदा स्थास्यति निश्चला ।
समाधावचला बुद्धिस्, तदा योगम् अवाप्स्यसि ॥२.५३॥

(53) شروتی وی پرتہ پناتے یدا ستھاسیتی نِشچلا
سماداو اچلا بُدھی تدا یوگم اواپ سیہ سی

अर्जुन उवाच

स्थितप्रज्ञस्य का भाषा, समाधिस्थस्य केशव ।
स्थितधीः किं प्रभाषेत, किम् आसीत व्रजेत किम् ॥२.५४॥

ارجُن اُواچ

(54) ستھِت پرگیسہ کا بھاشا سمادِس تھسیہ کیشوہ
ستھِتدتی کِم پربھاشیتہ کِماسیت ورجیت کِم

श्रीभगवानुवाच

प्रजहाति यदा कामान्, सर्वान् पार्थ मनोगतान् ।
आत्मन्येव् आत्मना तुष्टः, स्थितप्रज्ञस् तदोच्यते ॥२.५५॥

شری بھگوان اُواچ

(55) پرجہ ہتی یدا کامان سروان پارتھ منوگتان
آتم نیو آتمناٺھ ستھت پرگیہ تدوپتے

दुःखेष्व् अनुद्विग्नमनाः, सुखेषु विगतस्पृहः ।
वीतरागभयक्रोधः, स्थितधीर् मुनिर् उच्यते ॥२.५६॥

(56) دُکھے شہ انو دِو گھنہ منا سُکھیشہ وِگت سپرہ
وِیتہ راگہ بھیہ کرودھ ستھتدی مُنی اُپتے

यः सर्वत्रानभिस्नेहस्, तत् तत् प्राप्य शुभाशुभम् ।
नाभिनन्दति न द्वेष्टि, तस्य प्रज्ञा प्रतिष्ठिता ॥२.५७॥

(57) یاسروتر انبھی اسنیہسہ تت تت پراپیہ شُبھا شُبھم
نہ ابھی نندنتِ نہ دویشٹی تسیہ پرگیا پرتشٹھتا

यदा संहरते चायं, कर्मोऽङ्गानीव सर्वशः ।
इन्द्रियाणीन्द्रियार्थेभ्यस्, तस्य प्रज्ञा प्रतिष्ठिता ॥२.५८॥

(58) یدا سمہرتے چایم کرمو انگانیو سرونشہ
اِندریانی اندریار تھے بھیس تسیہ پرگیا پرتشٹھتا

विषया विनिवर्तन्ते, निराहारस्य देहिनः ।
रसवर्जं रसोऽप्यस्य, परं दृष्ट्वा निवर्तते ॥२.५९॥

(59) وشیا وِنہ ورتنتے نراہار سیہ دے ہناہ
رسہ ورجم رسو اپیاسہ پرم درشٹوا نِور تتے

21

यततो ह्यपि कौन्तेय, पुरुषस्य विपश्चितः ।
इन्द्रियाणि प्रमाथीनि, हरन्ति प्रसभं मनः ॥२.६०॥

(60) یتہ تو ہی اپی کونتیہ   پُرشیہ سی وِپس چِتاہ
ایدریانِ پرما   تھینی   ہر نتی پرسبھم   مناہ

तानि सर्वाणि संयम्य, युक्त आसीत मत्परः ।
वशो हि यस्येन्द्रियाणि, तस्य प्रज्ञा प्रतिष्ठिता ॥२.६१॥

(61) تانِ سروانِ سم   یمیہ   ٹیکت آسیت مت   پراہ
وشے ہی   یسے اندریانی   تسہ   پرگیا   پرتِشٹھِتا

ध्यायतो विषयान् पुंसः, सङ्गस् तेषूपजायते ।
सङ्गात् संजायते कामः, कामात् क्रोधोऽभिजायते ॥२.६२॥

(62) دھیایتو وِشہ یان پُمسہ   سنگس تے شو اُپ جایتے
سنگات سنجا یتے کاماہ   کامات کرودھہ اِبجا یتے

क्रोधाद् भवति संमोहः, संमोहात् स्मृतिविभ्रमः ।
स्मृतिभ्रंशाद् बुद्धिनाशो, बुद्धिनाशात् प्रणश्यति ॥२.६३॥

(63) کرو   دات   بھوتی سموہہ   سموہات سمرتی وِبھرمہ
سمرتی   بھرم شات بدھ ناشو   بدھ ناشات پرنہ شتی

रागद्वेषवियुक्तैस्तु, विषयान् इन्द्रियैश्चरन् ।
आत्मवश्यैर् विधेयात्मा, प्रसादम् अधिगच्छति ॥२.६४॥

(64) راگ دویش وِی ٹیکت اِستو   وِشہ یان اندرئے اِش چرن
آتم وشئے وِدھے یاتما پرسا   دھم   ادِگھتے

प्रसादे सर्वदुःखानां, हानिर् अस्योपजायते ।
प्रसन्नचेतसो ह्याशु, बुद्धिः पर्यवतिष्ठते ॥२.६५॥

(65) پرسادھے   سرو دُکھانام   ہانِہ اسہ اُپجایتے
پرسنا   چیت سو ہے   آشو   بُدھی پریہ وتِشٹھتے

22

नास्ति बुद्धिर् अयुक्तस्य, न चायुक्तस्य भावना ।
न चाभावयतः शान्तिर्, अशान्तस्य कुतः सुखम् ॥२.६६॥

(66) ناستي بُڌھي اَيُڪتِسيہ نہ چہ اُيڪتِسيہ بھاونا
نہ چہ ابھاوِيتہ شانتي اشان تسہ گُتہ سُکھم

इन्द्रियाणां हि चरतां, यन् मनोऽनुविधीयते ।
तदस्य हरति प्रज्ञां, वायुर् नावम् इवाम्भसि ॥२.६७॥

(67) اندريانام ہي چرتام يت منو انو ويدِ يتے
تدسيہ ہرتے پرگيام وايو ناوم ايوام امبھسي

तस्माद् यस्य महाबाहो, निगृहीतानि सर्वशः ।
इन्द्रियाणीन्द्रियार्थेभ्यस्, तस्य प्रज्ञा प्रतिष्ठिता ॥२.६८॥

(68) تسمات يسہ مہا باہو نِگرہِتانِ سروشہ
اندريان اندريارتھے بھيس تسيہ پرگيا پرتِشٹھتا

या निशा सर्वभूतानां, तस्यां जागर्ति संयमी ।
यस्यां जाग्रति भूतानि, सा निशा पश्यतो मुनेः ॥२.६९॥

(69) يا نِشہ سرو بھوتانام تسيام جاگرتي سن يمي
يِسيام جاگرتي بھوتاني سا نِشہ پشٹو مُنے

आपूर्यमाणम् अचलप्रतिष्ठं समुद्रम् आपः प्रविशन्ति यद्वत् ।
तद्वत् कामा यं प्रविशन्ति सर्वे स शान्तिम् आप्नोति न कामकामी ॥२.७०॥

(70) آپوريہ مانم اچل پرتِشٹھم سمدرم آپہ پروشنتي يُد وت
تت وت کاماىم پروشنتي سروے سہ شانتم آپہ نوتي نہ کام کامي

विहाय कामान् यः सर्वान्, पुमांश्चरति निःस्पृहः ।
निर्ममो निरहंकारः, स शान्तिम् अधिगच्छति ॥२.७१॥

(71) وِہايہ کامان يہ سروان پُمان چرتہ نِ سپرہا
زمموُ نِرا ہنکارہ سہ شانتم اڌِگچھتے

एषा ब्राह्मी स्थितिः पार्थ, नैनां प्राप्य विमुह्यति ।
स्थित्वाऽस्याम् अन्तकालेऽपि, ब्रह्मनिर्वाणम् ऋच्छति ॥२.७२

(72) ایشا برہمی ستھتی پارتھ نئے نام پراپیہ وِموہتی
ستھوایام انت کالے اپِ بُرہم نِروانم رِچھتے

ॐ तत्सदिति श्रीमद् भगवद्गीता

اوم تت ست اِتی شریمد بھگوت گیتا

सु उपनिषद सु भ्रम विद्यायाम योग शास्त्र

سُہ پنیہ شت سُو بھرم وِدھیایام یوگ شاستر ے

श्रीकृष्ण अर्जुन संवादे कर्मयोगो नाम द्वितीयोऽध्यायः ॥

شری کرشن ارجُن سمواد ے سانکھ یوگو نام دوتی اِدھیایا

ॐ श्रीपरमात्मने नमः

अर्जुन उवाच

ज्यायसी चेत् कर्मणस् ते, मता बुद्धिर् जनार्दन ।
तत् किं कर्मणि घोरे मां, नियोजयसि केशव ॥३.१॥

व्यामिश्रेणेव वाक्येन, बुद्धिं मोहयसीव मे ।
तद् एकं वद निश्चित्य, येन श्रेगोऽहम् आनुयाम् ॥३.२॥

श्रीभगवानुवाच

लोकेऽस्मिन् द्विविधा निष्ठा, पुरा प्रोक्ता मयाऽनघ ।
ज्ञानयोगेन सांख्यानां, कर्मयोगेन योगिनाम् ॥३.३॥

न कर्मणाम् अनारम्भान्, नैष्कर्म्यं पुरुषोऽश्नुते ।
न च संन्यसनाद् एव, सिद्धिं समधिगच्छति ॥३.४॥

(4) نہ کرمانا   انہ رمبات   نیش کرم یم پُرشواشنتے
    نہ چہ سنیس نات ایوہ   سِدّھم   سمد   کچھتی

न हि कश्चित् क्षणमपि, जातु तिष्ठत्य् अकर्मकृत् ।
कार्यते ह्य् अवशः कर्म, सर्वः प्रकृतिजैर् गुणैः ॥३.५॥

(5) نہ ہی کشچت کھنم اپی   جاتو تشٹھہ تہ اکرم کرت
    کار یتے ہی اوشہ کرم   سرو پرکرتی جے گنُہہ

कर्मेन्द्रियाणि संयम्य, य आस्ते मनसा स्मरन् ।
इन्द्रियार्थान् विमूढात्मा, मिथ्याचारः स उच्यते ॥३.६॥

(6) کرم ایندریانی سن یمیہ   یہ آستے منسا سمرن
    اندریارتھان   ومودا آتمہ   مِتھیاچارہ سہ اُچتے

यस् त्व् इन्द्रियाणि मनसा, नियम्यारभतेऽर्जुन ।
कर्मेन्द्रियैः कर्मयोगम्, असक्तः स विशिष्यते ॥३.७॥

(7) یہ توہ اندریانی منسا   نیہ میارپھتے ارجنہ
    کرم اندریہ کرم یوگم   اسکتہ سہ وِشیش یتے

नियतं कुरु कर्म त्वं, कर्म ज्यायो ह्य् अकर्मणः ।
शरीरयात्रापि च ते, न प्रसिद्ध्येद् अकर्मणः ॥३.८॥

(8) نیتم کورو کرمہ توم   کرمہ جیایوہہ اکرمنہ
    شریر یاترا اپہ چہ تے   نہ پرسِدیت اکرمنہ

यज्ञार्थात् कर्मणोऽन्यत्र, लोकोऽयं कर्मबन्धनः ।
तदर्थं कर्म कौन्तेय, मुक्तसङ्गः समाचर ॥३.९॥

(9) یگیارتھات کرمنو انہ یترہ   لوکو ایم کرمہ بندھنہ
    تدارتھم کرمہ کونتیہ   مکتہ سنگہ ساچر

सहयज्ञाः प्रजाः सृष्ट्वा, पुरोवाच प्रजापतिः ।
अनेन प्रसविष्यध्वम्, एष वोऽस्त्व् इष्टकामधुक् ॥३.१०॥

(10) سہہ یگیاہ پرجاہ سَرِشٹوا پُرو واچ پرجا پتی
انینہ پرسہ وِشیہ دُوم اِشہ وو اسہ توشٹہ کام دُک

देवान् भावयतानेन, ते देवा भावयन्तु वः ।
परस्परं भावयन्तः, श्रेयः परम् अवाप्स्यथ ॥३.११॥

(11) دیوان بھاویتا نینہ تے دیوا بھاو یَنتووہ
پرس پرم بھاوَ یَنتہ شُریہ پرم اواپسیتھہ

इष्टान् भोगान् हि वो देवा, दास्यन्ते यज्ञभाविताः ।
तैर् दत्तान् अप्रदायैभ्यो, यो भुङ्क्ते स्तेन एव सः ॥३.१२॥

(12) ایشٹان بھوگان ہی وو دیوا داس یَنتے یگہ بھاوِتہ
تَئے دتان اپردیائی اے بھیو یو بھُنکتے سَتین ایوسہ

यज्ञशिष्टाशिनः सन्तो, मुच्यन्ते सर्वकिल्बिषैः ।
भुञ्जते ते त्व् अघं पापा, ये पचन्त्यात्मकारणात् ॥३.१३॥

(13) یگیہ شِشٹا شِنَہ سنتو مُو چنتے سرو کِلہ بھِشَے
اُن جتے تو اگم پاپا یے پَچنیاتم کارنات

अन्नाद् भवन्ति भूतानि, पर्जन्याद् अन्नसंभवः ।
यज्ञाद् भवति पर्जन्यो, यज्ञः कर्मसमुद्भवः ॥३.१४॥

(14) انات بھونتی بھُوتانی پرجنیات انہ سم بھوہ
یگتیاد بھوات پر جنیو یگیہ کرم سمُد بھوہ

कर्म ब्रह्मोद्भवं विद्धि, ब्रह्माक्षरसमुद्भवम् ।
तस्मात् सर्वगतं ब्रह्म, नित्यं यज्ञे प्रतिष्ठितम् ॥३.१५॥

(15) کرم بھرمو د بھوم ودّھی برہمہ اکھڑ سکم اُت بھوم
تسمات سرو گتم برہمہ نیتم یگیہ پرَ تِشٹھتم

27

एवं प्रवर्तितं चक्रं, नानुवर्तयतीह यः ।
अघायुर इन्द्रियारामो, मोघं पार्थ स जीवति ॥३.१६॥

(16) ایوم پرورتتم چکرم نا انورتہ تیہہ یہ
اگھایو اِندریا رامو موگھم پارتھہ سہ جیوتے

यस् त्वात्मरतिर एव स्याद्, आत्मतृप्तश्च मानवः ।
आत्मन्येव च संतुष्टस्, तस्य कार्य न विद्यते ॥३.१७॥

(17) یہ تُو آتم رتہ ایوسیاد آتم تربت چہ مانوہ
آتمنے ایوچہ سنتو شٹہ تسیہ کاریم نہ ودِتے

नैव तस्य कृतेनार्थो, नाकृतेनेह कश्चन ।
न चास्य सर्वभूतेषु, कश्चिद अर्थव्यपाश्रयः ॥३.१८॥

(18) نیو تسہ کرتے نارتھو نہ اکرتین ایہہ کشچنہ
نہ چاسیہ سرو بھوتیشو کشچت ارتھہ ویہ پاشریہ

तस्माद असक्तः सततं, कार्य कर्म समाचर ।
असक्तो ह्याचरन् कर्म, परम् आप्नोति पूरुषः ॥३.१९॥

(19) تسمات اسکتہ ستتم کاریم کرمہ سماچرہ
اسکتو ہی آچرن کرمہ پر اپنوتی پُورشہ

कर्मणैव हि संसिद्धिम्, आस्थिता जनकादयः ।
लोकसंग्रहमेवापि, संपश्यन् कर्तुम् अर्हसि ॥३.२०॥

(20) کرمہ ینوہ ہہ سن سدیم آستھتا جنکادیہ
لوکہ سم گرہم ایواپی سم پشن کرتوم ارہسی

यद् यद् आचरति श्रेष्ठस्, तत् तद् एवेतरो जनः ।
स यत् प्रमाणं कुरुते, लोकस् तद् अनुवर्तते ॥३.२१॥

(21) یت یت آچرتی شریسٹھ تت تت ایو اِترو جناہ
سہ یت پرمانم کُورتے لوک تت انوورتتے

28

न मे पार्थास्ति कर्तव्यं, त्रिषु लोकेषु किंचन ।
नानवाप्तम् अवाप्तव्यं, वर्त एव च कर्मणि ।।३.२२।।

(22) نہ مے پارتھاستي کرتويم ترشو لوکيشو کم چنہ
نہ انوا واپتم اواپتہ ويم ورت ايو چہ کرمني

यदि ह्यहं न वर्तेयं, जातु कर्मण्यतन्द्रितः ।
मम वर्त्मानुवर्तन्ते, मनुष्याः पार्थ सर्वशः ।।३.२३।।

(23) يدِ هے اِهم نہ ورتے هم جاتو کرمن اتن درِتہ
مم ورتم انورتنتے مُنشا پارتھ سروشہ

उत्सीदेयुर् इमे लोका, न कुर्यां कर्म चेद् अहम् ।
संकरस्य च कर्ता स्याम्, उपहन्याम् इमाः प्रजाः ।।३.२४।।

(24) اُتسي دے يور اِمے لوکا نہ کُريام کرمہ چيداهم
سن کرسيہ چہ کرتا سيام اُپہ هنيام اِماہ پرجا

सक्ताः कर्मण्य् अविद्वांसो, यथा कुर्वन्ति भारत ।
कुर्याद् विद्वांस् तथासक्तश्, चिकीर्षुर् लोकसंग्रहम् ।।३.२५।।

(25) سکتا کرمنيہ اوِدھوان سو يتھا کرونتہ بھارتہ
گُريات وِدھوان تتھا اسکتہ چکرِشُو لوک سن گرہم

न बुद्धिभेदं जनयेद्, अज्ञानां कर्मसङ्गिनाम् ।
जोषयेत् सर्वकर्माणि, विद्वान् युक्तः समाचरन् ।।३.२६।।

(26) نہ بُدھي بيدھم جنہ ايت اگيانم کرمہ سنگِنام
جوش يت سرو کرماني وِدھوان يُکتہ سماچرن

प्रकृतेः क्रियमाणानि, गुणैः कर्माणि सर्वशः ।
अहंकारविमूढात्मा, कर्ताहम् इति मन्यते ।।३.२७।।

(27) پرک رتيہہ کريہ مانانی گُنے کرماني سروشہ
اہنکارہ وموڈ آتما کرتا اهم اتيہ من يتے

तत्त्ववित् तु महाबाहो, गुणकर्मविभागयोः ।
गुणा गुणेषु वर्तन्त, इति मत्वा न सज्जते ॥३.२८॥

(28) تو وِتو مہا بھاہو گن کرمہ وبھاگیو
گنہ گنیشو ورتنتہ یتی متوانہ سجّتے

प्रकृतेर् गुणसंमूढाः, सज्जन्ते गुणकर्मसु ।
तान् अकृत्स्नविदो मन्दान्, कृत्स्नविन् न विचाल्येत् ॥३.२९

(29) پرکرتے گنہ سموڈاہ سجّتے گنہ کرم سُو
تان اکرتہ سنہ وِدو مندان رِکرتہ سنوِن نہ وِچالیت

मयि सर्वाणि कर्माणि, संन्यस्याध्यात्मचेतसा ।
निराशीर् निर्ममो भूत्वा, युध्यस्व विगतज्वरः ॥३.३०॥

(30) میہ سروانِ کرمانی سنیسہ ادھیاتم چیت سا
بِراشی بِرممو بھوتوا یدھ سیو وِگتہ جوراہ

ये मे मतम् इदं नित्यम्, अनुतिष्ठन्ति मानवाः ।
श्रद्धावन्तोऽनसूयन्तो, मुच्यन्ते तेऽपि कर्मभिः ॥३.३१॥

(31) یے ے متم اِیدم نیتم انو تِشٹھنتی مانواہ
شردھا ونتو انسُو ین تُو مُچین تے اپی کرم بی

ये त्वेतद् अभ्यसूयन्तो, नानुतिष्ठन्ति मे मतम् ।
सर्वज्ञानविमूढांस् तान्, विद्धि नष्टान् अचेतसः ॥३.३२॥

(32) یے تواے تد ابھیہ سُہ ین تو نانو تِشٹھنتے متم
سروگیانہ وموڈان تان وِدھی نِشٹان اچیت سہ

सदृशं चेष्टते स्वस्याः, प्रकृतेर् ज्ञानवान् अपि ।
प्रकृतिं यान्ति भूतानि, निग्रहः किं करिष्यति ॥३.३३॥

(33) سہ درشم چیشٹ تے سوسیہ پرکرتیر گیانہ وان اپہ
پرکرتم یانتہ بھوتانی نِگرہہ کِم کرِشتے

30

इन्द्रियस्येन्द्रियस्यार्थे, रागद्वेषौ व्यवस्थितौ ।
तयोर् न वशम् आगच्छेत्, तौ ह्यस्य परिपन्थिनौ ॥३.३४॥

(34) اندرسیه اندر سیارتھے   راگ دویشو ویوستھتو
تیونہ وشم آگچھیت   تو ہے اسہ پری   پنتھنو

श्रेयान् स्वधर्मो विगुणः, परधर्मात् स्वनुष्ठितात् ।
स्वधर्मे निधनं श्रेयः, परधर्मो भयावहः ॥३.३५॥

(35) شریان سودھرمو وِگونہ   پردھرمات سہ نشٹھتان
سُو   دھرمہ نِدھنم شریہ   پردھرمو بھیا   وہاہ

अर्जुन उवाच
अथ केन प्रयुक्तोऽयं, पापं चरति पूरुषः ।
अनिच्छन्न् अपि वार्ष्णेय, बलाद् इव नियोजितः ॥३.३६॥

اربُن اُواچ

(36) اتھہ کینہ پریکتو ایم   پاپم چرتِ پُورشہ
انہ چھِنہ اِپہ وارشی نیہ   بلات ایوہ نیوِجتاہ

श्रीभगवानुवाच
काम एष क्रोध एष, रजोगुणसमुद्भवः ।
महाशनो महापाप्मा, विद्ध्येनम् इह वैरिणम् ॥३.३७॥

شری بھگوان اُواچ

(37) کام ایش کرودھ ایشہ رجوگن سمدد بھوہ
مہا شُنو مہا پاپ ما وِدھ ینم اِہ ویری نم

धूमेनाव्रियते वह्निर्, यथादर्शो मलेन च ।
यथोल्बेनावृतो गर्भस्, तथा तेनेदम् आवृतम् ॥३.३८॥

(38) دُومین آورِتے وِہِن یتھا درشو ملینہ چہ
یتھو اُلبین آورتو گربھ   تتھا   تین اِدم آورتم

31

आवृतं ज्ञानम् एतेन, ज्ञानिनो नित्यवैरिणा ।
कामरूपेण कौन्तेय, दुष्पूरेणानलेन च ॥३.३९॥

(39) آورتم گیانم اتینہ گیانہ نو نتیہ وِرینا

کام روپین کونتیہ دُش پورین انلینہ چہ

इन्द्रियाणि मनो बुद्धिर्, अस्याधिष्ठानम् उच्यते ।
एतैर् विमोहयत्य् एष, ज्ञानम् आवृत्य देहिनम् ॥३.४०॥

(40) اِندریانہ منو بدھی اسیہ اِدھشٹھانم اُچتے

ایتَے وِمو ہیاتے ایشہ گیانم آورتہ دیہنم

तस्मात् त्वम् इन्द्रियाण्यादौ, नियम्य भरतर्षभ ।
पाप्मानं प्रजहि ह्येनं, ज्ञानविज्ञाननाशनम् ॥३.४१॥

(41) تسمات توم اندریانی آدو نیمیہ بھرتر شبھ

پاپہ مانم پرجہ ہینم گیان وِگیان ناشنم

इन्द्रियाणि पराण्याहुर्, इन्द्रियेभ्यः परं मनः ।
मनसस् तु परा बुद्धिर्, यो बुद्धेः परतस् तु सः ॥३.४२॥

(42) اندریانی پرانہ آہو اندریہ بھیاہ پرم مناہ

منس تو پرا بدھی یو بدھے پرتس توساہ

एवं बुद्धेः परं बुद्ध्वा, संस्तभ्यात्मानम् आत्मना ।
जहि शत्रुं महाबाहो, कामरूपं दुरासदम् ॥३.४३॥

(43) ایوم بدھے پرم بُودھوا سم ست بھیات مانم آتمنا

جے ہی شتُرم مہا باہو کام رُوپم دُوراسدم

ॐ तत्सदिति श्रीमद् भगवद्गीता

اوم تت ست اِتی شریمد بھگوت گیتا

सु उपनिषद सु भ्रम विद्यायाम योग शास्त्र

سُہ پنیہ شت سُو بھرم وِدھیایام یوگ شاسترے

श्रीकृष्ण अर्जुन संवादे कर्मयोगो नाम तृतीयोऽध्यायः ॥

شری کرشن ارجن سمواد ے کرم یوگو نام ترتیو ادِھیایاہ

ॐ श्रीपरमात्मने नमः

اوم شری پرماتمنے نمہ

श्रीभगवानुवाच
इमं विवस्वते योगं, प्रोक्तवान् अहम् अव्ययम् ।
विवस्वान् मनवे प्राह, मनुर् इक्ष्वाकवेऽब्रवीत् ॥४.१॥

شری بھگوان اُواچ

(1) اِم   وِیوسوتے یوگم   پروکتوان اہم   اویایم
وِوسوان   من   وے   پراہ   منو اِکھواکوے   ابھرویت

एवं परम्पराप्राप्तम्, इमं राजर्षयो विदुः ।
स कालेनेह महता, योगो नष्टः परंतप ॥४.२॥

(2) ایوم   پرم   پرا پراپتم   اِم   راجر   شیہ   وِدُھو
سہ   کالین   اِہ   مہتا   یوگو   نشٹہ   پرم   تپہ

स एवायं मया तेऽद्य, योगः प्रोक्तः पुरातनः ।
भक्तोऽसि मे सखा चेति, रहस्यं ह्येतद् उत्तमम् ॥४.३॥

(3) سہ ایو ایم   میاتے   اِدہ   یوگہ   پروکتہ   پُراتنہ
بھکتوسہ   مے سکھا   چے تی   رہسیم   ہے   تت   اُتم

अर्जुन उवाच
अपरं भवतो जन्म, परं जन्म विवस्वतः ।
कथम् एतद् विजानीयां, त्वम् आदौ प्रोक्तवान् इति ॥४.४॥

ارجُن اُواچ

(4) اپرم بھوتو جنم پرم جنم وِسوتہ
کتھم اے تد وِجیانی یام توم آدو پروکتوان اِتی

श्रीभगवानुवाच
बहूनि मे व्यतीतानि, जन्मानि तव चार्जुन ।
तान्यहं वेद सर्वाणि, न त्वं वेत्थ परंतप ॥४.५॥

شری بھگوان اُواچ

(5) بہونی ے ویتی تانی جنمانی توہ چ ارجُن
تانیہ اہم وید سروانی نہ توم ویتتھہ پرم تپہ

अजोऽपि सन्न् अव्ययात्मा, भूतानाम् ईश्वरोऽपि सन् ।
प्रकृतिं स्वाम् अधिष्ठाय, संभवाम्यात्ममायया ॥४.६॥

(6) اجواپہ سنہ اویاتما بھوتا نام ایشورا پہ سن
پرکرتم سوام اِدِشٹھائے سمبھوامے آتم مایہ یاہ

यदा यदा हि धर्मस्य, ग्लानिर् भवति भारत ।
अभ्युत्थानम् अधर्मस्य, तदात्मानं सृजाम्यहम् ॥४.७॥

(7) یدا یداہی دھرمسی گلا نیر بھوتِہ بھارت
ابھیُوت تھانم ادھرمسی تداتمانم سِرجامی اہم

परित्राणाय साधूनां, विनाशाय च दुष्कृताम् ।
धर्मसंस्थापनार्थाय, संभवामि युगे युगे ॥४.८॥

(8) پرِترا نایہ سادھونام وِناشایہ چ دُشکرتام
دھرم سنستھا پنارتھایہ سمبھوامے یُگے یُگے

जन्म कर्म च मे दिव्यम्, एवं यो वेत्ति तत्त्वतः ।
त्यक्त्वा देहं पुनर्जन्म, नैति माम् एति सोऽर्जुन ॥४.९॥

(9) جنم کرمہ چ ے دیویم ایوم یوویتی تتو تہہ
تیوکتہ واد ے ہم پنر جمہ نیتہ مام ایتی سہ ارجنہ

वीतरागभयक्रोधा, मन्मया माम् उपाश्रिताः ।
बहवो ज्ञानतपसा, पूता मद्भावम् आगताः ॥४.१०॥

(10) وِیتہ راگہ بھیہ کرودھا من میامام اُپہ شرتاہ
بہو وو گیان تپسہ پُوتا مدبھاومہ آگتاہ

ये यथा मां प्रपद्यन्ते, तांस् तथैव भजाम्यहम् ।
मम वर्त्मानुवर्तन्ते, मनुष्याः पार्थ सर्वशः ॥४.११॥

(11) ے یتھا مام پرپہ دھنتے تام تتھئے وبھجامئی اہم
ممہ ورتم انُورتن تے مُنشاہ پارتھہ سروشہ

काङ्क्षन्तः कर्मणां सिद्धिं, यजन्त इह देवताः ।
क्षिप्रं हि मानुषे लोके, सिद्धिर् भवति कर्मजा ॥४.१२॥

(12) کانکھہ شنتہ کرمنام سِدھیم یجنت ایہہ دیوتا
کھہرم ہی مانؤشے لوکے سِدھی بھوتی کرمہ جا

चातुर्वर्ण्यं मया सृष्टं, गुणकर्मविभागशः ।
तस्य कर्तारम् अपि मां, विद्ध्य् अकर्तारम् अव्ययम् ॥४.१३॥

(13) چاتر ورنیم میا سرشٹم گنہ کرمہ وِبھاگہ
تیہ کرتارم اپہ مام وِدھیہ اکرتارم اویم

न मां कर्माणि लिम्पन्ति, न मे कर्मफले स्पृहा ।
इति मां योऽभिजानाति, कर्मभिर् न स बध्यते ॥४.१४॥

(14) نہ مام کرمانِ لمپتی نہ ے کرمہ پھلے سپرہا
ایتی مام یوبھہ جاناتی کرم بھِہ نہ سبھدتے

एवं ज्ञात्वा कृतं कर्म, पूर्वैर् अपि मुमुक्षुभिः ।
कुरु कर्मैव तस्मात् त्वं, पूर्वैः पूर्वतरं कृतम् ॥४.१५॥

(15) ایوم گیاتوا کرتم کرم پوروئی اپہ موموکھش بھی
کرُو کرم ایوتسمات توم پوروئی پُرورتم ِکرتم

किं कर्म किम् अकर्मेति, कवयोऽप्य् अत्र मोहिताः ।
तत् ते कर्म प्रवक्ष्यामि, यज् ज्ञात्वा मोक्ष्यसेऽशुभात् ॥४.१६॥

(16) ِکم کرمہ ِکم اکرم ایتی کویاہ اپہ اتر موہِتہ
تتے کرم پروکھیامی ِیت گیاتوا موکھیسے اشوبھات

कर्मणो ह्यपि बोद्धव्यं, बोद्धव्यं च विकर्मणः ।
अकर्मणश्च बोद्धव्यं, गहना कर्मणो गतिः ॥४.१७॥

(17) کرمنو ہی اپہ بودھیم بودھیم چہ وِکرمنہ
اکرم نشچہ بودھ ویم گہنا کرمنو گتی

कर्मण्य् अकर्म यः पश्येद्, अकर्मणि च कर्म यः ।
स बुद्धिमान् मनुष्येषु, स युक्तः कृत्स्नकर्मकृत् ॥४.१८॥

(18) کرمنہ اکرمہ یہ پشیت اکرمنی چہ کرم یاہ
سہ بُدھمان منُشے شو سہ ٔیکت کِرتسن کرم کرت

यस्य सर्वे समारम्भाः, कामसंकल्पवर्जिताः ।
ज्ञानाग्निदग्धकर्माणं, तम् आहुः पण्डितं बुधाः ॥४.१९॥

(19) یسہ سروے سما رمباہ کام سنکلپہ ورِجتاہ
گیان اگن دگد کرمانم تم آہو پنڈِتم بُدھا

त्यक्त्वा कर्मफलासङ्गं, नित्यतृप्तो निराश्रयः ।
कर्मण्य् अभिप्रवृत्तोऽपि, नैव किंचित् करोति सः ॥४.२०॥

(20) تیوکتو اکرم پھلہ سنگم نیتہ تر پُتو ِنرا شریہ
کرمنے اِبہ پر ورتو اپی نیوا ِکنچِت کروِتہ سہ

निराशीर् यतचित्तात्मा, त्यक्तसर्वपरिग्रहः ।
शारीरं केवलं कर्म, कुर्वन् नाप्नोति किल्बिषम् ॥४.२१॥

(21) نراشی یت چت آتما تیکتَ سروا پری گرہ
شاری رم کیولم کرمہ کوُروون نہ آپنوتی کِلہ بھشم

यदृच्छालाभसंतुष्टो, द्वन्द्वातीतो विमत्सरः ।
समः सिद्धाव् असिद्धौ च, कृत्वापि न निबध्यते ॥४.२२॥

(22) یت رِچھالابھ سنتوشٹاہ دوھندوا تیتو وِمت سرا
سماہ سِداو اسِد ھوچہ کِرتوِاپہ نہ نِبدھتے

गतसङ्गस्य मुक्तस्य, ज्ञानावस्थितचेतसः ।
यज्ञायाचरतः कर्म, समग्रं प्रविलीयते ॥४.२३॥

(23) گت سنگسیہ مُکتسیہ گیانا وستھِت چِیتسہَ
یگیائے آچرتہ کرم سمگرم پروِلی یتے

ब्रह्मार्पणं ब्रह्म हविर्, ब्रह्माग्नौ ब्रह्मणा हुतम् ।
ब्रह्मैव तेन गन्तव्यं, ब्रह्मकर्मसमाधिना ॥४.२४॥

(24) برہم ارپنم برہم ہوِر برہم اگنو براہمنا ہُتم
برہم اوتینہ گنتہ ویم برہم کرم سمادِنہ

दैवम् एवापरे यज्ञं, योगिनः पर्युपासते ।
ब्रह्माग्नाव् अपरे यज्ञं, यज्ञेनैवोपजुह्वति ॥४.२५॥

(25) دیَے وم ایو اپرے یگیم یوُگِنا پریوپاستے
برہم اگنو اپرے یگیم یگین ایو اُپجوہتی

श्रोत्रादीनीन्द्रियाण्य् अन्ये, संयमाग्निषु जुह्वति ।
शब्दादीन् विषयान् अन्ये, इन्द्रियाग्निषु जुह्वति ॥४.२६॥

(26) شروترا دینہ اِندریانی انیہ سنیم اگنی شو جوہوتی
شبھدادین وِشیان انیہ اندریاہ اگنی شو جوہوتی

सर्वाणीन्द्रियकर्माणि, प्राणकर्माणि चापरे ।
आत्मसंयमयोगाग्नौ, जुह्वति ज्ञानदीपिते ।।४.२७।।

(27) سروانی اندریایہ کرمانی پران کرمانِ چاپرے
آتم سنیم یوگ آگنو جُوہتی گیان دِپتے

द्रव्ययज्ञास् तपोयज्ञा, योगयज्ञास् तथापरे ।
स्वाध्यायज्ञानयज्ञाश्च, यतयः संशितव्रताः ।।४.२८।।

(28) دروبہ یَگنیاہ تپو یَگنیہ یوگ یَگنیاہ تتھا پرے
سوادھیا یَگنیاہ یَگنیاہ چ یتاہہ سم شت ورتاہ

अपाने जुह्वति प्राणं, प्राणेऽपानं तथापरे ।
प्राणापानगती रुद्ध्वा, प्राणायामपरायणाः ।।४.२९।।

(29) اپانے جُوہتی پرانم پرانے اپانم تتھا پرے
پرانا پانہ گتی رودھوا پرانایام پراینہ

अपरे नियताहाराः, प्राणान् प्राणेषु जुह्वति ।
सर्वेऽप्येते यज्ञविदो, यज्ञक्षपितकल्मषाः ।।४.३०।।

(30) اپرے نیہ تاہاراہ پرانان پر انیشوجوہاتی
سروے یییہ تے یگیہ وِدھو یگن کھیتہ کلمشہ

यज्ञशिष्टामृतभुजो, यान्ति ब्रह्म सनातनम् ।
नायं लोकोऽस्त्य् अयज्ञस्य, कुतोऽन्यः कुरुसत्तम ।।४.३१।।

(31) یگیہ شِشٹا امرتہ بھُجو یانتی بھرم ساتنم
نایم لوکواستیہ ایگیہ کیئوانیہ کوروستم

एवं बहुविधा यज्ञा, वितता ब्रह्मणो मुखे ।
कर्मजान् विद्धि तान् सर्वान्, एवं ज्ञात्वा विमोक्ष्यसे ।।४.३२।।

(32) ایوم بہو وِدا یگیہ وِتّا برہمنو موکھے
کرم جان ودھی تان سروان ایوم گیاتوا وِموکھشے

श्रेयान् द्रव्यमयाद् यज्ञाज्, ज्ञानयज्ञः परंतप ।
सर्वं कर्माखिलं पार्थ, ज्ञाने परिसमाप्यते ॥४.३३॥

(33) شریان دروم یاد یگیہ یات   گیان یگیہ پرم تپ
سروم کرم اکِھلم پارتھہ   گیانے پرِسما پیتے

तद् विद्धि प्रणिपातेन, परिप्रश्नेन सेवया ।
उपदेक्ष्यन्ति ते ज्ञानं, ज्ञानिनस् तत्त्वदर्शिनः ॥४.३४॥

(34) تت ودِھی پرنہ پاتینہ   پرہ پرش نین سیویا
اُپہ دیکھینتی تے گیانم   گیانِ نہ تتوہ درشاہ

यज् ज्ञात्वा न पुनर् मोहम्, एवं यास्यसि पाण्डव ।
येन भूतान्य् अशेषेण, द्रक्ष्यस्य् आत्मन्य् अथो मयि ॥४.३५॥

(35) یت گیاتواہ نہ پنُر موہم   ایوم یاسہ اسیہ پانڈوا
ین بھوتان اشے شینہ   درھیسی آتمنے اتھومئی

अपि चेद् असि पापेभ्यः, सर्वेभ्यः पापकृत्तमः ।
सर्वं ज्ञानप्लवेनैव, वृजिनं संतरिष्यसि ॥४.३६॥

(36) اِپہ چیت اِسہ پاپے بھیہ   سروے بھیاہ پاپ کرتمہ
سروم گیان پلوین ایو   ورِجنم سم تری شیہ سی

यथैधांसि समिद्धोऽग्निर्, भस्मसात् कुरुतेऽर्जुन ।
ज्ञानाग्निः सर्वकर्माणि, भस्मसात् कुरुते तथा ॥४.३७॥

(37) یتھا ایدھانسی سمِدواہ آگنہ   بسمہ سات کرُتے ارجُن
گیان اگنی سرو کرمانی   بسمہ سات کرُتے تتھا

न हि ज्ञानेन सदृशं, पवित्रम् इह विद्यते ।
तत् स्वयं योगसंसिद्धः, कालेनात्मनि विन्दति ॥४.३८॥

(38) نہ ہے گیانینہ سدرشم پوترم اِہے ودھتے
تت سویم یوگ سم سِدھہ   کالینہ آتمنی وِندتی

श्रद्धावाँल् लभते ज्ञानं, तत्परः संयतेन्द्रियः ।
ज्ञानं लब्ध्वा परां शान्तिम्, अचिरेणाधिगच्छति ॥४.३९॥

(39) شردھاوان لبھتے گیانم تت پراہ سنیتے دریہ
گیانم لبھا دُوھا پرام شانتم اجرین ادِگھتے

अज्ञश्चाश्रद्दधानश्च, संशयात्मा विनश्यति ।
नायं लोकोऽस्ति न परो, न सुखं संशयात्मनः ॥४.४०॥

(40) اگشچہ اشردھانہ چہ سم شیاتما ونہ شتے
نایم لوکواستی نہ پرہ نہ سُکھم شمشیاتمنہ

योगसंन्यस्तकर्माणं, ज्ञानसंछिन्नसंशायम् ।
आत्मवन्तं न कर्माणि, निबध्नन्ति धनंजय ॥४.४१॥

(41) یوگ سنیس تہ کرمانم گیان سن چھنن سم شیم
آتم ونتم نہ کرمانی نبھہ دتی دنجیہ

तस्माद् अज्ञानसंभूतं, हृत्स्थं ज्ञानासिनात्मनः ।
छित्त्वैनं संशयं योगम्, आतिष्ठोत्तिष्ठ भारत ॥४.४२॥

(42) تسمات اگیان سمبھوتم ہرتستھم گیانا سِن آتمنہ
چھتوا اینم سمشیم یوگم آتِسٹھہ اُتِسٹھہ بھارت

ॐ तत्सदिति श्रीमद् भगवद्गीता
اوم تت ست اِتی شریمد بھگوت گیتا

सु उपनिषद सु भ्रम विद्यायाम योग शास्त्र
سُہ پنیہ شت سُو بھرم وِدھیایام یوگ شاسترے

श्रीकृष्ण अर्जुन संवादे ज्ञानकर्मसंन्यासयोगो नाम चतुर्थोऽध्यायः ॥
شری کرشن ارجُن سمواد ے گیان کرم سنیاس یوگو نام چتُرتھا دِھیایاہ

ॐ श्रीपरमात्मने नमः

اوم شری پرماتمنے نمہ

अर्जुन उवाच
संन्यासं कर्मणां कृष्ण, पुनर् योगं च शंससि ।
यच्छ्रेय एतयोर् एकं, तन् मे ब्रूहि सुनिश्चितम् ॥५.१॥

ارجن اُواچ

(1) سنیاسم کرمنام کرشنہ پُنر یوگم چہ شمسسی
یت شریہ اِتہ یو ایکم تِن مے بھُروہی سُنِشِتِم

श्रीभगवानुवाच
संन्यासः कर्मयोगश्च, निःश्रेयसकराव् उभौ ।
तयोस् तु कर्मसंन्यासात्, कर्मयोगो विशिष्यते ॥५.२॥

شری بھگوان اُواچ

(2) سنیاسئہ کرم یوکشچہ نِہ شریاس کراوَ اُبھو
تیو ستو کرم سنیاسات کرم یوگو وِشِشیتے

ज्ञेयः स नित्यसंन्यासी, यो न द्वेष्टि न काङ्क्षति ।
निर्द्वन्द्वो हि महाबाहो, सुखं बन्धात् प्रमुच्यते ॥५.३॥

(3) گیہ سہ نتیہ سنیاسی یونو دِویشٹی نہ کانکھتی
نِردوندو ہی مہاباہو سُکھم بندھات پرم اُچتے

सांख्ययोगौ पृथग्बालाः, प्रवदन्ति न पण्डिताः ।
एकम् अप्य् आस्थितः सम्यग्, उभयोर् विन्दते फलम् ॥५.४॥

(4) سانکھہ یوگو پرتھک بالا   پرودنتی   نہ   پنڈتا
اکیم اپہ آستھِت سمیک   اُبھیور وِندتے   پھلم

यत् सांख्यैः प्राप्यते स्थानं, तद् योगैर् अपि गम्यते ।
एकं सांख्यं च योगं च, यः पश्यति स पश्यति ॥५.५॥

(5) یت سانیکھ پراُپیتے ستھانم   تتھہ یوگہ اپہ گم یتے
اکیم سانکھیم چہ یوگم چہ   یہ پشیتے سہ پشیتے

संन्यासस् तु महाबाहो, दुःखम् आप्तुम् अयोगतः ।
योगयुक्तो मुनिर् ब्रह्म, नचिरेणाधिगच्छति ॥५.६॥

(6) سنیاسہ تُو مہا باہو   دُکھم آپہ تُم ایوگتہ
یوگ یُکتو مُنِہ برہمہ   نچِرین   ادھچھتی

योगयुक्तो विशुद्धात्मा, विजितात्मा जितेन्द्रियः ।
सर्वभूतात्मभूतात्मा, कुर्वन्न् अपि न लिप्यते ॥५.७॥

(7) یوگ یُکتو وِشُد آتما   وِجہ تاتمہ جتندریہ
سرو بھوت آتم بھوت آتمہ   کورون اپی نہ لِپ یتے

नैव किंचित् करोमीति, युक्तो मन्येत तत्त्ववित् ।
पश्यञ् शृण्वन् स्पृशञ् जिघ्रन्, अश्नन् गच्छन् स्वपञ् श्वसन्

(8) نئے و کچِھت کرومی اِتی   یُکتو مِنہ ییت تتو وِت
پشین شرن ون سپرش جِگرن   اشنن گچھن سوپن شوسن

प्रलपन् विसृजन् गृहणन्न्, उन्मिषन् निमिषन्न् अपि ।
इन्द्रियाणीन्द्रियार्थेषु, वर्तन्त इति धारयन् ॥५.९॥

(9) پرلپن وِسرجن گرہن   اُن مِش نمِش اپی
اِندریانی اِندیارتھیشُو   ورتنتے اِتہ دھارین

ब्रह्मण्य् आधाय कर्माणि, सङ्गं त्यक्त्वा करोति यः ।
लिप्यते न स पापेन, पद्मपत्रम् इवाम्भसा ॥५.१०॥

(10) برہمنے آدھیایہ کرمانی سنگم تیوکتوا کروتہ یہ
لپ یتے نس پاپینہ پدمہ پترم اِوامبہ سا

कायेन मनसा बुद्ध्या, केवलैर् इन्द्रियैर् अपि ।
योगिनः कर्म कुर्वन्ति, सङ्गं त्यक्त्वात्मशुद्धये ॥५.११॥

(11) کائنہ منسا بُدھیا کیولئے اِندریئے اپے
یوگِناہ کرم کرُونتی سنگم تیوکتہ وا آتم شُد ہئے

युक्तः कर्मफलं त्यक्त्वा, शान्तिम् आप्नोति नैष्ठिकीम् ।
अयुक्तः कामकारेण, फले सक्तो निबध्यते ॥५.१२॥

(12) یُکتہ کرم پھلم تیوکتہ وا شانتم آپہ نوتہ نئشٹھہ کیم
ایوکتہ کام کارینہ پھلے سکتُو نِبھد یتے

सर्वकर्माणि मनसा, संन्यस्यास्ते सुखं वशी ।
नवद्वारे पुरे देही, नैव कुर्वन् न कारयन् ॥५.१३॥

(13) سرو کرمانی منہ سا سنیاسہ ستے سُکھم وَشی
نودوارے پُورے دیہی نیو کورُون نہ کارین

न कर्तृत्वं न कर्माणि, लोकस्य सृजति प्रभुः ।
न कर्मफलसंयोगं, स्वभावस् तु प्रवर्तते ॥५.१४॥

(14) نہ کرترتوم نہ کرمانی لوکسیہ سرجتی پربھو
نہ کرم پھلہ سن یوگم سوبھاوس تُو پرورتتے

नादत्ते कस्यचित् पापं, न चैव सुकृतं विभुः ।
अज्ञानेनावृतं ज्ञानं, तेन मुह्यन्ति जन्तवः ॥५.१५॥

(15) نادتے کسیہ چت پاپم نہ چیو سُکرِتم وِبھوہ
اگیانینہ آورِتم گیانم تینہ موہ یتی جِن توہ

ज्ञानेन तु तद् अज्ञानं, येषां नाशितम् आत्मनः ।
तेषाम् आदित्यवज् ज्ञानं, प्रकाशयति तत् परम् ॥१५.१६॥

(16) گیانین توت تت اگیانم یشام ناشتم آتمہ
تیشام آدتیہ وت گیانم پرکاشیتہ تت پرم

तद्बुद्धयस् तदात्मानस्, तन्निष्ठास् तत्परायणाः ।
गच्छन्त्य् अपुनरावृत्तिं, ज्ञाननिर्धूतकल्मषाः ॥१५.१७॥

(17) تد بدھسیہ تدا آمانہ تنشٹھا تت پراینہ
گچھنتی اپونرا ورتم گیانہ نردوتکل مشہ

विद्याविनयसंपन्ने, ब्राह्मणे गवि हस्तिनि ।
शुनि चैव श्वपाके च, पण्डिताः समदर्शिनः ॥१५.१८॥

(18) ودیا ونیہ سمپنے برہم نے گو ہستنی
شونئ چیٔ و شوپاکے چ پنڈتاہ سمہ درشنہ

इहैव तैर् जितः सर्गो, येषां साम्ये स्थितं मनः ।
निर्दोषं हि समं ब्रह्म, तस्माद् ब्रह्मणि ते स्थिताः ॥१५.१९॥

(19) اِہی ایو تیرجتہ سرگو یشام سامیے ستھتم منہ
نردوشم ہے سم برہمہ تسمات برہمنی تیستھتا

न प्रहृष्येत् प्रियं प्राप्य, नोद्विजेत् प्राप्य चाप्रियम् ।
स्थिरबुद्धिर् असंमूढो, ब्रह्मविद् ब्रह्मणि स्थितः ॥१५.२०॥

(20) نہ پرہرشیت پریم پراپہ نو دِوجیت پراپیہ چ اُپریم
ستھر بدھ اسموڈھ برہم ودھ برہمنی ستھتہ

बाह्यस्पर्शेष्व् असक्तात्मा, विन्दत्यात्मनि यत् सुखम् ।
स ब्रह्मयोगयुक्तात्मा, सुखम् अक्षयम् अश्नुते ॥१५.२१॥

(21) باہی سہ پرشیشو اسکتاتما وندتئے آتمنی یت سُکھم
سہ برہم یوگ یُکتاتما سُکھم اکھشیم اشرنُتے

ये हि संस्पर्शजा भोगा, दुःखयोनय एव ते ।
आद्यन्तवन्तः कौन्तेय, न तेषु रमते बुधः ॥५.२२॥

(22) یہ ہے سن سپرشجا بھوگا دُکھ یونیہ ایوتے
آدِینتہ ونتہ کونتیہ نہ تیشو رمتے بُدھاہ

शक्नोतीहैव यः सोढुं, प्राक् शरीरविमोक्षणात् ।
कामक्रोधोद्भवं वेगं, स युक्तः स सुखी नरः ॥५.२३॥

(23) شکنوتی ہیے ایوہ یاہ سُوڈم پراک شریر وموکش نات
کام کرودھوت بھوم ویگم سہ یُکتہ سہ سُکھی نرہ

योऽन्तः सुखोऽन्तरारामस्, तथान्तर् ज्योतिर् एव यः ।
स योगी ब्रह्मनिर्वाणं, ब्रह्मभूतोऽधिगच्छति ॥५.२४॥

(24) یہ انتہ سُکھونترا رام تتھا انتر جیوتی ایویہ
سہ یوگی برہم نِروانم برہم بھُوتو ادِھگتی

लभन्ते ब्रह्मनिर्वाणम्, ऋषयः क्षीणकल्मषाः ।
छिन्नद्वैधा यतात्मानः, सर्वभूतहिते रताः ॥५.२५॥

(25) لبھنتی برہم نِروانم رشیہ کھین کلمشہ
چھِنہ دِویدا یتات مانہ سرو بھُوتہ ہِتے رتاہ

कामक्रोधवियुक्तानां, यतीनां यतचेतसाम् ।
अभितो ब्रह्मनिर्वाणं, वर्तते विदितात्मनाम् ॥५.२६॥

(26) کام کرودھ وِیُکتانام یتی نام یت چیتسام
ابھِتو برہم نِروانم ورتتے وِدتاتم نام

स्पर्शान् कृत्वा बहिर् बाह्यांश्, चक्षुश्चैवान्तरे भ्रुवोः ।
प्राणापानौ समौ कृत्वा, नासाभ्यन्तरचारिणौ ॥५.२७॥

(27) سپرشان کرتوا بہہ باہان شو چکھشو چہ ایو انترے بھرووہ
پرانا پانو سمو کرتوا ناسہ بھینتر چارِنو

यतेन्द्रियमनोबुद्धिर्, मुनिर् मोक्षपरायणः ।
विगतेच्छाभयक्रोधो, यः सदा मुक्त एव सः ॥५.२८॥

(28) یتندریہ منو بدھی مُنیہ موکشہ پراینہ
ویگتچھا بھیہ کرودھو یہ سدا مُکتہ ایوسہ

भोक्तारं यज्ञतपसां, सर्वलोकमहेश्वरम् ।
सुहृदं सर्वभूतानां, ज्ञात्वा मां शान्तिम् ऋच्छति ॥५.२९॥

(29) بھوکتارم یگیہ تپسام سرو لوکہ مہیشورم
سُہ ہردم سرو بھوتانام گیاتوا مام شانتم رِچھتے

ॐ तत्सदिति श्रीमद् भगवद्गीता
اوم تت ست اِتی شریمد بھگوت گیتا

सु उपनिषद सु भ्रम विद्यायाम योग शास्त्र
سُہ پنیہ شت سُو بھرم وِدھیایام یوگ شاستر ے

श्रीकृष्ण अर्जुन संवादे कर्मसंन्यासयोगो नाम पञ्चमोऽध्यायः ॥
شری کرشن ارجُن سمواد ے کرم سنیاس یوگو نام پنجمو اِدھیایاہ

ॐ श्रीपरमात्मने नमः

اوم شری پرماتمنے نمہ

श्रीभगवानुवाच
अनाश्रितः कर्मफलं, कार्यं कर्म करोति यः ।
स संन्यासी च योगी च, न निरग्निर् न चाक्रियः ।।६.१।।

شری بھگوان اُواچ

(1) انا شِرتاہ کرم پھلم کاریم کرم کروتی یہ

سہ سنیاسی چہ یوگی چہ نہ نِراگنِر نہ چہ کریاہ

यं संन्यासम् इति प्राहुर्, योगं तं विद्धि पाण्डव ।
न ह्य् असंन्यस्तसंकल्पो, योगी भवति कश्चन ।।६.२।।

(2) یم سنیاسم اَتی پراہُو یوگم تم وِدھی پانڈوہ

نہ ہے اسینت سنکلپہ یوگی بھوتہ کشچنہ

आरुरुक्षोर् मुनेर् योगं, कर्म कारणम् उच्यते ।
योगारूढस्य तस्यैव, शमः कारणम् उच्यते ।।६.३।।

(3) آروروکھیشوہ مُنیہ یوگم کرم کارنم اُچتے

یوگا روڈسیہ تسیہ ایو شماہ کارنم اُچتے

यदा हि नेन्द्रियार्थेषु, न कर्मस्व् अनुषज्जते ।
सर्वसंकल्पसंन्यासी, योगारूढस् तदोच्यते ॥६.४॥

(4) یداہی نہ اندریارتھے شو   نہ کرم سوانو شجتے
سرو   سنکلپ   سنیاسی   یوگا رُوڈاہ تداہ اُچیتے

उद्धरेद् आत्मनात्मानं, नात्मानम् अवसादयेत् ।
आत्मैव ह्यात्मनो बन्धुर्, आत्मैव रिपुर् आत्मनः ॥६.५॥

(5) اُدھریت آتمنا آتمانم   نہ آتمانم اوسا دیت
آتما ایو ہِہ آتمانہ بندھو   آتما ایو رِپوہ آ تمناہ

बन्धुर् आत्मात्मनस् तस्य, येनात्मैवात्मना जितः ।
अनात्मनस् तु शत्रुत्वे, वर्तेतात्मैव शत्रुवत् ॥६.६॥

(6) بندُھو آتما آتمنہ تسہ یین   آتما ایو اتمنا جِتہ
انا تمنا تو شتروتوے   ورتیت آتما ایو شتروت

जितात्मनः प्रशान्तस्य, परमात्मा समाहितः ।
शीतोष्णसुखदुःखेषु, तथा मानापमानयोः ॥६.७॥

(7) جِتا تمناہ پرشانت تسیہ   پرماتما   سماہِتہ
شیوتشن   شکھہ   دُکھیشو   تتھا مان اِپماینوہ

ज्ञानविज्ञानतृप्तात्मा, कूटस्थो विजितेन्द्रियः ।
युक्त इत्युच्यते योगी, समलोष्टाश्मकाञ्चनः ॥६.८॥

(8) گیانہ وِگیانہ ترِپتاتما   کوٹھستھ وجتیندریہ
یُکتہ اِتہ اُچتے یوگی   سمہ لوشٹاشم   کانچنہ

सुहन्मित्रार्युदासीन-मध्यस्थद्वेष्यबन्धुषु ।
साधुष्व् अपि च पापेषु, समबुद्धिर् विशिष्यते ॥६.९॥

(9) سہرت مِترایہ اُداسین   مدستھت وشیّے بندُشو
سادھو شہ اپ چہ پاپیشو   سم بدھی وشیشتے

योगी युञ्जीत सततम्, आत्मानं रहसि स्थितः ।
एकाकी यतचित्तात्मा, निराशीर् अपरिग्रहः ॥६.१०॥

(10) یوگی یُوْن جیت ستتم   آتمانم رہسیہ سِتھہ
ای کاکی یت چِت آتما   نِراشیہ   اپرِگرہ

शुचौ देशे प्रतिष्ठाप्य, स्थिरम् आसनम् आत्मनः ।
नात्युच्छ्रितं नातिनीचं, चैलाजिनकुशोत्तरम् ॥६.११॥

(11) شچو دیشے پرتشٹھا پیہ   سِتھرم آسنم آتمنہ
نہ اتہ اُچھتم نہ اتہ نیچم   چیلاجن کشُو   ترم

तत्रैकाग्रं मनः कृत्वा, यतचित्तेन्द्रियक्रियः ।
उपविश्यासने युञ्ज्याद्, योगमात्मविशुद्धये ॥६.१२॥

(12) تتر ایکا گرم منہ کرتوا   یت چِتندریہ کریاہ
اُپہ وِشیاسنے یُنجیات   یوگم آتم وِشودھے

समं कायशिरोग्रीवं, धारयन्न् अचलं स्थिरः ।
संप्रेक्ष्य नासिकाग्रं स्वं, दिशश्चानवलोकयन् ॥६.१३॥

(13) سم کایہ شِرَو گریوم   دھارین اچلم سِتھرہ
سم پریکھشیا ناسی کا گرم سُوم   دِشس چہ النولوکہ ین

प्रशान्तात्मा विगतभीर्, ब्रह्मचारिव्रते स्थितः ।
मनः संयम्य मच्चित्तो, युक्त आसीत मत्परः ॥६.१४॥

(14) پرشانت آتما وِگتبھی   برہم چاری ورتے سِتھہ
منہ سنیم یہ چِچ چِتہ   یُگتہ آسیت مت پراہ

युञ्जन्न् एवं सदात्मानं, योगी नियतमानसः ।
शान्तिं निर्वाणपरमां, मत्संस्थाम् अधिगच्छति ॥६.१५॥

(15) یُن جنن ایوم سدا آتمانم   یوگی   نیت مانسہ
شانتم نِروان پرمام   مت سمستھام ادِ گچھتی

नात्यश्नतस् तु योगोऽस्ति, न चैकान्तम् अनश्नतः ।
न चाति स्वप्नशीलस्य, जाग्रतो नैव चार्जुन ॥६.१६॥

(16) نہ اِتہ شنتس تو یوگ استی   نہ چہ ایکانتم انہ شنتہ
نہ چاتی شوپن شیلسیہ   جاگرتو نیوہ چہ ارجُن

युक्ताहारविहारस्य, युक्तचेष्टस्य कर्मसु ।
युक्तस्वप्नावबोधस्य, योगो भवति दुःखहा ॥६.१७॥

(17) یُکتہ ہار وِہارسیہ   یُکتہ چیٹھہ سی کرمہ سو
یُکتہ سوپنا وِبھو دسیہ   یُوگو بھوتی دُکھہہ

यदा विनियतं चित्तम्, आत्मन्य् एवावतिष्ठते ।
निःस्पृहः सर्वकामेभ्यो, युक्त इत्य् उच्यते तदा ॥६.१८॥

(18) یداوِنی یتم   چِتم   آتمینہ ایوہ اوِتیٹھتے
نِہ سپرہ سرو کامے بھیہ   یُکتہ اِتی اُچتے تدا

यथा दीपो निवातस्थो, नेङ्गते सोपमा स्मृता ।
योगिनो यतचित्तस्य, युञ्जतो योगम् आत्मनः ॥६.१९॥

(19) یتھا دیپو نِواتستھو   نہ اِنگتے سوپمہ سِمرتا
یوگِنو یت چِتسی   یُنجتو یوگم آتمنہ

यत्रोपरमते चित्तं, निरुद्धं योगसेवया ।
यत्र चैवात्मनात्मानं, पश्यन्न् आत्मनि तुष्यति ॥६.२०॥

(20) یترا اوپرمتے   چِتم   نِرودم یوگہ سیویہ
یتر چَے واتمنات مانم   پشین آتمنی تُشیتے

सुखम् आत्यन्तिकं यत् तद्, बुद्धिग्राह्यम् अतीन्द्रियम् ।
वेत्ति यत्र न चैवायं, स्थितश् चलति तत्त्वतः ॥६.२१॥

(21) سُکھم آتینتہ کم یت تت   بُدھی گراہم اتندریم
ویتی یترہ نہ چَے وایم   سِتھہ چلتی توتہ وتہ

यं लब्ध्वा चापरं लाभं, मन्यते नाधिकं ततः ।
यस्मिन् स्थितो न दुःखेन, गुरुणापि विचाल्यते ॥६.२२॥

(22) يم لبھ دوا چاپرم لابھم   منہ ييتے نہ اڌھکم تتہ
يسمِن سِتھہ نہ دُکھينہ   گورو نا اپي وچاليتے

तं विद्याद् दुःखसंयोग-वियोगं योगसंज्ञितम् ।
स निश्चयेन योक्तव्यो, योगोऽनिर्विण्णचेतसा ॥६.२३॥

(23) تم وِديات دُکھہ سنيوگہ   وِيوگم يوگہ سنگتم
سہ نشچينہ   يوکتويو يوگو اِنرون نِي چيتسہ

संकल्पप्रभवान् कामांस्, त्यक्त्वा सर्वान् अशेषतः ।
मनसैवेन्द्रियग्रामं, विनियम्य समन्ततः ॥६.२४॥

(24) سنکلپہ پربھوان کامان   تيوکتو اسروان اُٹھي شٹہ
منسا ايو اِندريہ گرام وِنيميہ سمن تتہ

शनैः शनैर् उपरमेद्, बुद्ध्या धृतिगृहीतया ।
आत्मसंस्थं मनः कृत्वा, न किंचिद् अपि चिन्तयेत् ॥६.२५॥

(25) شنئَي شنئَي اُپرميت بودھيا دھرتي گرہي تيہ
آتم سنستھم مناہ ڪرتوا نہ ڪنچِت اپ چِن تيت

यतो यतो निश्चरति, मनश्चञ्चलम् अस्थिरम् ।
ततस् ततो नियम्यैतद्, आत्मन्येव वशं नयेत् ॥६.२६॥

(26) يتو يتو نِش چرِتہ منہ پنچلم آستھرم
تتہ تتہ نِيميَے اِتت   آتمنے ايوشم نہ ييت

प्रशान्तमनसं ह्येनं, योगिनं सुखम् उत्तमम् ।
उपैति शान्तरजसं, ब्रह्मभूतम् अकल्मषम् ॥६.२७॥

(27) پرشانِت منسم ہے نم يوگنم سُکھم اُتم
اُپيتي شانتہ رجسم برہم بھوتم اڪلمشم

53

युञ्जन्न् एवं सदात्मानं, योगी विगतकल्मषः ।
सुखेन ब्रह्मसंस्पर्शम्, अत्यन्तं सुखम् अश्नुते ॥६.२८॥

(28) یُجّن ایوم سدا تمانم یوگی وِگتہ کلمش
سُکھین برہم سم سپرشم اتنتم سُکھم اشنوتے

सर्वभूतस्थम् आत्मानं, सर्वभूतानि चात्मनि ।
ईक्षते योगयुक्तात्मा, सर्वत्र समदर्शनः ॥६.२९॥

(29) سرو بھُوتس تھم آتمانم سرو بھُوتانِ چاتمنی
ایکھشتے یوگ یُکتاتما سروتر سمہ درشنہ

यो मां पश्यति सर्वत्र, सर्वं च मयि पश्यति ।
तस्याहं न प्रणश्यामि, स च मे न प्रणश्यति ॥६.३०॥

(30) یومام پشیتی سروتر سروم چ مئی پشیتے
تسیہ اہم نہ پرشیامی سہ چہ مے نہ پرنہ شیتی

सर्वभूतस्थितं यो मां, भजत्य् एकत्वम् आस्थितः ।
सर्वथा वर्तमानोऽपि, स योगी मयि वर्तते ॥६.३१॥

(31) سرو بھوتہ سِتھتم یومام بھجتی ایکہ تؤم آستھتہ
سروتھہ ورتہ مانو پی سہ یوگی میہ ورتتے

आत्मौपम्येन सर्वत्र, समं पश्यति योऽर्जुन ।
सुखं वा यदि वा दुःखं, स योगी परमो मतः ॥६.३२॥

(32) آتم اُپ مین سروتر سمہ پشہ تی یوارجنہ
سُکھم وا یدی وا دُکھم سہ یوگی پرمومتہ

अर्जुन उवाच
योऽयं योगस् त्वया प्रोक्तः, साम्येन मधुसूदन ।
एतस्याहं न पश्यामि, चञ्चलत्वात् स्थितिं स्थिराम् ।।६.३३।।

ارجُن اُواچ

(33) یوایم یوگس تویہ پروکتہ سامین مدھو سُودھنہ
ایتہ سیاہم نہ پشیامی چنچل توت ستھتم ستھرام

चञ्चलं हि मनः कृष्ण, प्रमाथि बलवद् दृढम् ।
तस्याहं निग्रहं मन्ये, वायोर् इव सुदुष्करम् ।।६.३४।।

(34) چنچلم ہے مناہ کرشنہ پرماتھی بلوت درڈھم
تسہ اہم نِگرہم منے وایو اِوی سُہ دُشکرم

श्रीभगवानुवाच
असंशयं महाबाहो, मनो दुर्निग्रहं चलम् ।
अभ्यासेन तु कौन्तेय, वैराग्येण च गृह्यते ।।६.३५।।

شری بھگوان اُواچ

(35) اِن شیم مہا باہو منو دُرنی گرہم چلم
ابھیاسین تُو کونتیہ ویراگینہ چ گرہیتے

असंयतात्मना योगो, दुष्प्राप इति मे मतिः ।
वश्यात्मना तु यतता, शक्योऽवाप्तुम् उपायतः ।।६.३६।।

(36) اِن یتا تمنا یوگو دُش پراپہ اِتہ مے متی
وِشیاتمنہ تویتتا تہ شکیوا واُتم اُپایتہ

अर्जुन उवाच
अयतिः श्रद्धयोपेतो, योगाच् चलितमानसः ।
अप्राप्य योगसंसिद्धिं, कां गतिं कृष्ण गच्छति ।।६.३७।।

ارجن اُواچ

(37) ایتِہ شردیو اُپیتو یوگاچہ چلِت مانسہ
اپراپیہ یوگہ سن سِدم کام گتم کرشنہ گچھتی

55

कच्चिन् नोभयविभ्रष्टश्, छिन्नाभ्रम् इव नश्यति ।
अप्रतिष्ठो महाबाहो, विमूढो ब्रह्मणः पथि ॥१६.३८॥

(38) کچن نو ابھیہ وِبھرشٹ شو   چھِنا بھرم ایو نشیتے
اپر تِشٹھو مہا باہو   وِموڈو برہمنہ پتھی

एतन् मे संशयं कृष्ण, छेत्तुम् अर्हस्य् अशेषतः ।
त्वदन्यः संशयस्यास्य, छेत्ता न ह्य् उपपद्यते ॥१६.३९॥

(39) اے تتے سمشیم کرشنہ   چھے تم ارہسے اشیشتہ
تو دنیہ سمشیسہ اسیہ   چھیتا نہ ہے اُپہ پدتے

श्रीभगवानुवाच

पार्थ नैवेह नामुत्र, विनाशस् तस्य विद्यते ।
न हि कल्याणकृत् कश्चिद्, दुर्गतिं तात गच्छति ॥१६.४०॥

شری بھگوان اُواچ

(40) پارتھہ نئے ایوہ راہ نامُتر   وِناشس تسیہ وِدیتے
نہی کلیان ِکرت ِکشچِت   دُرگتم تتہ گچھتے

प्राप्य पुण्यकृतां लोकान्, उषित्वा शाश्वतीः समाः ।
शुचीनां श्रीमतां गेहे, योगभ्रष्टोऽभिजायते ॥१६.४१॥

(41) پراپیہ پُنیہ کرتام لوکان   اُشِتوہ شاشوتی سماہ
شُچی نام شری متام گیہے   یوگ بھرشٹو ابھجایتے

अथवा योगिनाम् एव, कुले भवति धीमताम् ।
एतद्धि दुर्लभतरं, लोके जन्म यद् ईदृशम् ॥१६.४२॥

(42) اتھوا یوگنام ایو   کلُے بھوتہ دیمتام
ایتت ہی دُرلبھترم   لوکے جنم یتی درشم

56

तत्र तं बुद्धिसंयोगं, लभते पौर्वदेहिकम् ।
यतते च ततो भूयः, संसिद्धौ कुरुनन्दन ॥६.४३॥

(43) تترتَم بُدھی سنیوگم لبھتے پُوروہ دیہہ کم
یت تے چہ تتو بھُویاہ سنسدھو کورو نندنہ

पूर्वाभ्यासेन तेनैव, ह्रियते ह्यवशोऽपि सः ।
जिज्ञासुरपि योगस्य, शब्दब्रह्मातिवर्तते ॥६.४४॥

(44) پُوروا بھیاسین تے نیو ہریتے ہی اوشہ اپسہ
جگیا سو اپے یوگسیہ شبدھ برہمہ اتورتتے

प्रयत्नाद्यतमानस्तु, योगी संशुद्धकिल्बिषः ।
अनेकजन्मसंसिद्धस्, ततो याति परां गतिम् ॥६.४५॥

(45) پریت ناديت مانس تو یوگی سم شُدھ کلبشہ
انیک جنم سم سِدھس تتو یاتہ پرام گتم

तपस्विभ्योऽधिको योगी, ज्ञानिभ्योऽपि मतोऽधिकः ।
कर्मिभ्यश्चाधिको योगी, तस्माद्योगी भवार्जुन ॥६.४६॥

(46) تپس وِبھیوا اِدھکو یوگی گیانہ بھیواپہ متودِکہ
کرمہ بھشچہ اِدھکو یوگی تسمات یوگی بھوا رجُنہ

योगिनामपि सर्वेषां, मद्गतेनान्तरात्मना ।
श्रद्धावान् भजते यो मां, स मे युक्ततमो मतः ॥६.४७॥

(47) یوگی نام اپی سروے شام مدگتے نانتر آتمنہ
شردھاوان بھجتے یو مام سہ مے یُوکتہ مومتہ

ॐ तत्सदिति श्रीमद् भगवद्गीता

اوم تت ست اِتی شریمد بھگوت گیتا

सु उपनिषद सु भ्रम विद्यायाम योग शास्त्र

سُہ پنیہ شت سُو بھرم وِدھیایام یوگ شاستر ے

श्रीकृष्ण अर्जुन संवादे आत्मसंयमयोगो नाम षष्ठोऽध्यायः ॥

شری کرشن ارجُن سمواد ے آتم سن یوگو نام ششٹھ ادِھیایاہ

ॐ श्रीपरमात्मने नमः

اوم شری پرماتمنے نمہ

श्रीभगवानुवाच
मय्य् आसक्तमनाः पार्थ, योगं युञ्जन् मदाश्रयः ।
असंशयं समग्रं मां, यथा ज्ञास्यसि तच्छृणु ॥७.१॥

شری بھگوان اُواچ

(1) میا سکتہ منہ پارتھہ یوگم یُجنم مداشریہ
اس شیم سمگرم مام یتھا گیاسیہ تت شرنو

ज्ञानं तेऽहं सविज्ञानम्, इदं वक्ष्याम्य् अशेषतः ।
यज् ज्ञात्वा नेह भूयोऽन्यज्, ज्ञातव्यम् अवशिष्यते ॥७.२॥

(2) گیانم تے اہم سہ وِگیانم اِدم وکھش یامے اشے شتہ
یت گیاتوانیہہ بھویہ اِنہ یتہ گیاتوایم اوِ شیشیتے

मनुष्याणां सहस्रेषु, कश्चिद् यतति सिद्धये ।
यतताम् अपि सिद्धानां, कश्चिन् मां वेत्ति तत्त्वतः ॥७.३॥

(3) مُنشیا نام سہسریشو کشچِت یتہ تی سدھیے
یتہ تام اپہ سِدھانام کشچِت مام وِتہ تتوتہ

भूमिर् आपोऽनलो वायुः, खं मनो बुद्धिर् एव च ।
अहंकार इतीयं मे, भिन्ना प्रकृतिर् अष्टधा ॥७.४॥

(4) بھُومِہ آپ اِنلہ وایہ   کھم منو بُدھی ایوچہ
اہنکارہ اِتی اِیم مے   بھِنا   پرکرتر   اشطدھا

अपरेयम् इतस् त्व् अन्यां, प्रकृतिं विद्धि मे पराम् ।
जीवभूतां महाबाहो, ययेदं धार्यते जगत् ॥७.५॥

(5) اپرایم اِس توہ انیام   پرکرتم وِدھی مے پرام
جیو بھُوتام مہا باہو   ییا دم دھار یتے جگت

एतद्योनीनि भूतानि, सर्वाणीत्य् उपधारय ।
अहं कृत्स्नस्य जगतः, प्रभवः प्रलयस् तथा ॥७.६॥

(6) اے تت یونی بِہ بھوتانی   سروانی تیہ اُپداریہ
اہم کرتسنے سِہ جگتہ   پربھواہ پرلہ یسہ تتھا

मत्तः परतरं नान्यत्, किंचिद् अस्ति धनंजय ।
मयि सर्वम् इदं प्रोतं, सूत्रे मणिगणा इव ॥७.७॥

(7) متہ پرترم نانیتہ   کِنچِت استی دھننجیہ
مئی سروم اِدم پروتم   سُوترے مِنہ گناہ ایو

रसोऽहम् अप्सु कौन्तेय, प्रभास्मि शशिसूर्ययोः ।
प्रणवः सर्ववेदेष, शब्दः खे पौरुषं नृषु ॥७.८॥

(8) رسوہم اپسُو کونتیہ   پربھاسم شِشی سُوریہو
پرنوہ سروہ ویدیشو   شبدہ کھے پُورشم نِرشو

पुण्यो गन्धः पृथिव्यां च, तेजश्चास्मि विभावसौ ।
जीवनं सर्वभूतेषु, तपश्च् चास्मि तपस्विषु ॥७.९॥

(9) پُنیو گندہ پرتھویام چ   تیج اِش چاسمی وِبھاوسو
جیوم سرو بھوتیشو   تپس چہ اسمی تپس وِشو

बीजं मां सर्वभूतानां, विद्धि पार्थ सनातनम् ।
बुद्धिर् बुद्धिमताम् अस्मि, तेजस् तेजस्विनाम् अहम् ।।७.१०।।

(10) ییجم مام سرو بھوتانام ودھ پارتھ سناتم
بدھی بدھی متام اسمی   تیجہ تیجس ونام اہم

बलं बलवतां चाहं, कामरागविवर्जितम् ।
धर्माविरुद्धो भूतेषु, कामोऽस्मि भरतर्षभ ।।७.११।।

(11) بلم بل وتام چاہم کام راگہ ودرجتم
دھرما ورودھو بھوتیشو کاموسمی بھر تر شبھہ

ये चैव सात्त्विका भावा, राजसास् तामसाश्च ये ।
मत्त एवेति तान् विद्धि, न त्व् अहं तेषु ते मयि ।।७.१२।।

(12) یے چیو ساتہ دِکا بھاوا راجساہ تامسہ چئے
مت اِویتی تان وِدھی نہ توہم تیشوتے مئی

त्रिभिर् गुणमयैर् भावैर्, एभिः सर्वम् इदं जगत् ।
मोहितं नाभिजानाति, माम् एभ्यः परम् अव्ययम् ।।७.१३।।

(13) تر بھر گُنہ میِہ بھاوے اِبھہ سروم اِدم جگت
موہتم نہ ابھجا ناتی مام ابھیہ پرم اوے یم

देवी ह्य् एषा गुणमयी, मम माया दुरत्यया ।
माम् एव ये प्रपद्यन्ते, मायाम् एतां तरन्ति ते ।।७.१४।।

(14) دِۓ وی ہیشا گُنہ مئی ممہ مایا دُرتییہ
مام ایوہ ۓ پرپہ دھنتے   مایام ایتام ترن تِتے

न मां दुष्कृतिनो मूढाः, प्रपद्यन्ते नराधमाः ।
माययापहृतज्ञाना, आसुरं भावम् आश्रिताः ।।७.१५।।

(15) نہ مام دُش رکرتنو مُوڑاہ پرپہ دھنتے برادھما
ماییہ یا اپہرتہ گیاناہ آسورم بھاوم آشرتہ

चतुर्विधा भजन्ते मां, जनाः सुकृतिनोऽर्जुन ।
आर्तो जिज्ञासुर् अर्थार्थी, ज्ञानी च भरतर्षभ ॥७.१६॥

(16) چتور وِدھا بھجن تے مام   جناہ سُکرتی نو اَرجُنہ
آرتو جگیا سُور ارتھارتھی   گیانی چہ بھرترشبھہ

तेषां ज्ञानी नित्ययुक्त, एकभक्तिर् विशिष्यते ।
प्रियो हि ज्ञानिनोऽत्यर्थम्, अहं स च मम प्रियः ॥७.१७॥

(17) تیشام گیانی نتیہ یُکتہ   ایکہ بھکتی وِششتے
پریوہی گیانِ نوِیتہ ارتھم   اہم سہ چہ ممہ پریا

उदाराः सर्व एवैते, ज्ञानी त्व् आत्मैव मे मतम् ।
आस्थितः स हि युक्तात्मा, माम् एवानुत्तमां गतिम् ॥७.१८॥

(18) اُداراہ سرو ایوِیتے   گیانی تو آتمیوِے متم
آستھِتاسہ ہی یکتاتما   مام ایوُنوتہ مام گتم

बहूनां जन्मनाम् अन्ते, ज्ञानवान् मां प्रपद्यते ।
वासुदेवः सर्वम् इति, स महात्मा सुदुर्लभः ॥७.१९॥

(19) بہونام جنم نام اِنتے   گیان وانہ مام پر پدتے
واسدیوہ سروم اِتی   سہ مہاتما سُہ دُرلبھہ

कामैस् तैस्तैर् हृतज्ञानाः, प्रपद्यन्तेऽन्यदेवताः ।
तं तं नियमम् आस्थाय, प्रकृत्या नियताः स्वया ॥७.२०॥

(20) کامیے تیے تیر ہرت گیاناہ   پر پدیتے اِنئے دیوتاہ
تم تم نیم آستھایہ   پرکرتیا نیتہ سویا

यो यो यां यां तनुं भक्तः, श्रद्धयार्चितुम् इच्छति ।
तस्य तस्याचलां श्रद्धां, ताम् एव विदधाम्य् अहम् ॥७.२१॥

(21) یویو یام یام تنُو بھکتہ   شردھیا ارچتم اِچھتے
تسیہ تسیہ اچلم شردام   تم ایوہ وِداے اہم

स तया श्रद्धया युक्तस्, तस्याराधनम् ईहते ।
लभते च ततः कामान्, मयैव विहितान् हि तान् ॥७.२२॥

(22) سہ تیہ شردھیا یُکتہ تسیہ آرادھنم ایہی تے
لبھتے چہ تتہ کا مان مئی وہ وِہتان ہے تان

अन्तवत् तु फलं तेषां, तद् भवत्य् अल्पमेधसाम् ।
देवान् देवयजो यान्ति, मद्भक्ता यान्ति माम् अपि ॥७.२३॥

(23) انتہ وتو پھلم تیشام تد بھوتی الپہ مید سام
دیوان دیویجو یانتی مد بھکتا یانتہ مام اپی

अव्यक्तं व्यक्तिम् आपन्नं, मन्यन्ते माम् अबुद्धयः ।
परं भावम् अजानन्तो, ममाव्ययम् अनुत्तमम् ॥७.२४॥

(24) ایوکتم ویکتم آپنم منہ ینتے مام ابھودیہ
پرم بھاوم اجاننتو ممہ اوتیم انوتم

नाहं प्रकाशः सर्वस्य, योगमायासमावृतः ।
मूढोऽयं नाभिजानाति, लोको माम् अजम् अव्ययम् ॥७.२५॥

(25) ناہم پرکاشہ سروسیہ یوگ مایا سماورتہ
مولایم نا اِبھجاناتی لوکو مام اجم اوے یم

वेदाहं समतीतानि, वर्तमानानि चार्जुन ।
भविष्याणि च भूतानि, मां तु वेद न कश्चन ॥७.२६॥

(26) ویداہم سم تی تانی ورتما نان چا ارجنہ
بھوشیاں چہ بھُوتانی مام تُو ویدہ نہ کشچنہ

इच्छाद्वेषसमुत्थेन, द्वन्द्वमोहेन भारत ।
सर्वभूतानि संमोहं, सर्गे यान्ति परंतप ॥७.२७॥

(27) اچھیا دویش سُمتھینہ دُوندھ موہینہ بھارتہ
سرو بھوتاں سموہم سرگے یانتِ پرم تپہ

येषां त्व् अन्तगतं पापं, जनानां पुण्यकर्मणाम् ।
ते द्वन्द्वमोहनिर्मुक्ता, भजन्ते मां दृढव्रताः ॥७.२८॥

(28) یشام توانتہ گتم پاپم جنانام پُنیہ کرمہ نام
تے دوند موہ نِر مُکتہ بھجنتے مام درڈورتہ

जरामरणमोक्षाय, माम् आश्रित्य यतन्ति ये ।
ते ब्रह्म तद् विदुः कृत्स्नम्, अध्यात्मं कर्म चाखिलम् ॥७.२९॥

(29) جرا مرنا موکھشائے مام آشرتیہ یتن تِئے
تے برہم تد وِدہ کرت سنم ادھیاتم کرم چا کھِلم

साधिभूताधिदैवं मां, साधियज्ञं च ये विदुः ।
प्रयाणकालेऽपि च मां, ते विदुर् युक्तचेतसः ॥७.३०॥

(30) سادِھ بھوتادِ دیوم مام سادِھ یگنیم چہ یَے وِدوھ
پریان کالے اپی چہ مام تے وِد ُ یکتہ چیتسہ

ॐ तत्सदिति श्रीमद् भगवद्गीता
اوم تت ست اِتی شری مد بھگوت گیتا

सु उपनिषद सु भ्रम विद्यायाम योग शास्त्र
سُہ پنیہ شت سُو بھرم وِدھیایام یوگ شاسترے

श्रीकृष्ण अर्जुन संवादे ज्ञानविज्ञानयोगो नाम सप्तमोऽध्यायः ॥
شری کرشن ارجُن سمواد ے گیان وِگیان یوگو نام سپتمو ادِھیایاہ

ॐ श्रीपरमात्मने नमः

اوم شری پرماتمنے نمہ

अर्जुन उवाच
किं तद् ब्रह्म किम् अध्यात्मं, किं कर्म पुरुषोत्तम ।
अधिभूतं च किं प्रोक्तम्, अधिदैवं किम् उच्यते ॥८.१॥

ارجن اُواچ

(1) ۔کم تت برہم ۔کم ادھیاتم ۔کم کرمہ پُرشوتمہ
ادِیہ بھوتم چہ ۔کم پروکتم ادِی دیوم ۔کم اُچتے

अधियज्ञः कथं कोऽत्र, देहेऽस्मिन् मधुसूदन ।
प्रयाणकाले च कथं, ज्ञेयोऽसि नियतात्मभिः ॥८.२॥

(2) ادھِ یگیہ کتھم کوتره دیہے اسمن مدھُوسودھنہ
پریان کالے چہ کتھم گیوسی نیہ تاتم بھیہہ

श्रीभगवानुवाच
अक्षरं ब्रह्म परमं, स्वभावोऽध्यात्मम् उच्यते ।
भूतभावोद्भवकरो, विसर्गः कर्मसंज्ञितः ॥८.३॥

شری بھگوان اُواچ

(3) اکھرم برہمہ پرم سوبھاوو ادھِیاتم اُچتے
بھوت بھاووت بھوکرو وِسرگہ کرم سنگِتاہ

अधिभूतं क्षरो भावः, पुरुषश्चाधिदैवतम् ।
अधियज्ञोऽहम् एवात्र, देहे देहभृतां वर ॥८.४॥

(4) اِدھِبوتم کھرو بھاوہ پُروشش چ اِدِ دیئے یوتم
اِدِیکیہ ہم ایوہ اترہ دیہی دیہہ بھرتام ور

अन्तकाले च माम् एव, स्मरन् मुक्त्वा कलेवरम् ।
यः प्रयाति स मद्भावं, याति नास्त्य् अत्र संशयः ॥८.५॥

(5) انتہ کالے چ مام ایوہ سمرنم اُکتوا کلیورم
یہ پریاتِ تہ اِستہ مدبھاوم یاتِ استہ اتر سمشیہ

यं यं वापि स्मरन् भावं, त्यजत्य् अन्ते कलेवरम् ।
तं तं एवैति कौन्तेय, सदा तद्भावभावितः ॥८.६॥

(6) یم یم واپی سمرن بھاوم تجتہ انتے کلے ورم
تم تم ایوئتی کونیتہ سدا تدبھاو بھاوتہ

तस्मात् सर्वेषु कालेषु, माम् अनुस्मर युध्य च ।
मय्य् अर्पितमनोबुद्धिर्, माम् एवैष्यस्य् असंशयम् ॥८.७॥

(7) تسمات سروے شہ کالیشو مام انوسمرہ یُدِ پچہ
میہ ارپِتہ منو بُدھی مام ایوشہ اسم شیاہ

अभ्यासयोगयुक्तेन, चेतसा नान्यगामिना ।
परमं पुरुषं दिव्यं, याति पार्थानुचिन्तयन् ॥८.८॥

(8) ابھیاس یوگ یُکتینہ چیتسہ نانِ گامِنہ
پرم پُرشم دیویم یاتِ پارتھہ انُو چنتین

कविं पुराणम् अनुशासितारम् अणोर् अणीयांसम् अनुस्मरेद् यः ।
सर्वस्य धातारम् अचिन्त्यरूपम् आदित्यवर्णं तमसः परस्तात् ॥८.९॥

(9) کویم پورانم انوشا سِتارم انورنی یام سم انوسمریت یہ
سرویہ داتارم اچِتیہ رُوپم آدتیہ ورنم تمسہ پُرستات

प्रयाणकाले मनसाचलेन भक्त्या युक्तो योगबलेन चैव ।
भ्रुवोर् मध्ये प्राणम् आवेश्य सम्यक् स तं परं पुरुषम् उपैति दिव्यम् ॥८.१०॥

(10) پریان کالے منسا چلینہ بھکتیہ یکتو یوگ بلینہ چَے و
بھرورمدھیے پرانم آویشیہ سمیک ستم پرم پوروشم اُپتی دِوِیم

यद् अक्षरं वेदविदो वदन्ति विशन्ति यद् यतयो वीतरागाः ।
यद् इच्छन्तो ब्रह्मचर्यं चरन्ति तत् ते पदं संग्रहेण प्रवक्ष्ये ॥८.११॥

(11) یدا کھشرم وید ودو ودنتی وِشنتہ یت یتویہ وِیتہ راگاہ
یت اِچھنتہ برہم چریم چرنتی تتے پدم سنگرہینہ پروکھیے

सर्वद्वाराणि संयम्य, मनो हृदि निरुध्य च ।
मूर्ध्न्यर् आधायात्मनः प्राणम्, आस्थितो योगधारणाम् ॥८.१२॥

(12) سرو دواران سنیم یہ منوہردی نرودیہ چہ
موردِنیہ آدھیائے یاتمنہ پرانم آستھتو یوگ دھارنام

ओम् इत्य् एकाक्षरं ब्रह्म, व्याहरन् माम् अनुस्मरन् ।
यः प्रयाति त्यजन् देहं, स याति परमां गतिम् ॥८.१३॥

(13) اوم ایتے اکھشرم برہمہ ویا ہرن مام انو سُمرن
یہ پریاتِ تے جن دیہم سیاتی پرمام گتم

अनन्यचेताः सततं, यो मां स्मरति नित्यशः ।
तस्याहं सुलभः पार्थ, नित्ययुक्तस्य योगिनः ॥८.१४॥

(14) اننیہ چِیتاہ ستتم یومام سمرتی نتیہ شہ
تسیاہم سُلبھہ پارتھہ نتیہ یُکتسیہ یوگِنہ

माम् उपेत्य पुनर्जन्म, दुःखालयम् अशाश्वतम् ।
नाप्नुवन्ति महात्मानः, संसिद्धिं परमां गताः ॥८.१५॥

(15) مام اُپیتیہ پُنرجمہ دُکھ آل ایم اشاشوتم
ناپ آپ نُوَنتی مہاتما نہ سم سِدھم پرمام گتاہ

आब्रह्मभुवनाल् लोकाः, पुनरावर्तिनोऽर्जुन ।
माम् उपेत्य तु कौन्तेय, पुनर्जन्म न विद्यते ॥८.१६॥

(16) آبرہم بھُونات لوکاہ پنر آورتنہ اربنہ
مام اُپیتہ تو کونتیہ پنرجنم نہ وِدتے

सहस्रयुगपर्यन्तम्, अहर् यद् ब्रह्मणो विदुः ।
रात्रिं युगसहस्रान्तां, तेऽहोरात्रविदो जनाः ॥८.१७॥

(17) سہسر یُوگہ پریتم اہرید برہمنو وِدُوہ
راترم یوگ سہس رانتام تے اہراتر وِدہ جناہ

अव्यक्ताद् व्यक्तयः सर्वाः, प्रभवन्त्य् अहरागमे ।
रात्र्यागमे प्रलीयन्ते, तत्रैवाव्यक्तसंज्ञके ॥८.१८॥

(18) اویکتات ویکتیہ سرواہ پربھہ ونتہ اہیرا گے
راتریاگے پرلی ینتے تتری ایوا ویکتہ سنگ کے

भूतग्रामः स एवायं, भूत्वा भूत्वा प्रलीयते ।
रात्र्यागमेऽवशः पार्थ, प्रभवत्य् अहरागमे ॥८.१९॥

(19) بھوتہ گرامہ سہ ایوایم بھوتواہ بھوتواہ پرلیتے
راتریاگے اوشہ پارتھہ پربھوتے اَہراگے

परस् तस्मात् तु भावोऽन्यो, ऽव्यक्तोऽव्यक्तात् सनातनः ।
यः स सर्वेषु भूतेषु, नश्यत्सु न विनश्यति ॥८.२०॥

(20) پرس تسمات تو بھاوائنو اویکتو اویکتات سناتنہ
یہ سہ سرویشو بھوتیشو نشہ یتسو نہ وِنشِیتے

अव्यक्तोऽक्षर इत्य् उक्तस्, तम् आहुः परमां गतिम् ।
यं प्राप्य न निवर्तन्ते, तद् धाम परमं मम ॥८.२१॥

(21) اویکتو اکھشر اِتیہ اُکتہ تم آہو پرمام گتم
یم پراپیہ نہ نِورتنتے تت دھام پرم ممہ

पुरुषः स परः पार्थ, भक्त्या लभ्यस् त्व् अनन्यया ।
यस्यान्तःस्थानि भूतानि, येन सर्वम् इदं ततम् ॥८.२२॥

(22) پُرشہ سہ پرہ پارتھہ بھکتیا لبھیہ تو انینیہ
یسیانتہ ستھانہ بھُوتان ینہ سروم اِدم تتم

यत्र काले त्व् अनावृत्तिम्, आवृत्तिं चैव योगिनः ।
प्रयाता यान्ति तं कालं, वक्ष्यामि भरतर्षभ ॥८.२३॥

(23) یتر کالے توانا ورتم آورتم چَے و یوگناہ
پریاتا یانتہ تم کالم وکھشامی بھرتر شبھہ

अग्निर् ज्योतिर् अहः शुक्लः, षण्मासा उत्तरायणम् ।
तत्र प्रयाता गच्छन्ति, ब्रह्म ब्रह्मविदो जनाः ॥८.२४॥

(24) اگنی جیوتی ایہہ شکلہ شن ماسا اُترائینم
تتر پریاتا گچھنتی برہمہ برہمہ ودو جناہ

धूमो रात्रिस् तथा कृष्णः, षण्मासा दक्षिणायनम् ।
तत्र चान्द्रमसं ज्योतिर्, योगी प्राप्य निवर्तते ॥८.२५॥

(25) دُھمو راتر تھتا کرشنہ شن ماسا دکھشنائنم
تتر چاندرمسم جیوتر یوگی پراپیہ نِور تتے

शुक्लकृष्णे गती ह्येते, जगतः शाश्वते मते ।
एकया यात्य् अनावृत्तिम्, अन्ययावर्तते पुनः ॥८.२६॥

(26) شُکل کرشنی گتی ہے اتے جگتہ شاش وتے متے
ایکیہ یاتہ اناورتم انیہ یا آورتتے پُناہ

नैते सृती पार्थ जानन्, योगी मुह्यति कश्चन ।
तस्मात् सर्वेषु कालेषु, योगयुक्तो भवार्जुन ॥८.२७॥

(27) نَے تے سرتی پارتھہ جانن یوگی مُہیتہ کشچنہ
تسمات سروے شو کالیشو یوگ یکتو بھو ارجنہ

वेदेषु यज्ञेषु तपःसु चैव दानेषु यत् पुण्यफलं प्रदिष्टम् ।
अत्येति तत् सर्वम् इदं विदित्वा योगी परं स्थानम् उपैति चाद्यम् ॥८.२८॥

(28) وید یشو یگیے شوتپہ سُو چیے و   دانے شویت پُنیہ پھلم   پردِشٹم
اتیتی تت سروم ایدم   ودِتہ وا   یوگی پرم ستھانم اُپیہ تی چ ادیم

ॐ तत्सदिति श्रीमद् भगवद्गीता

اوم تت ست اِتی شری مد بھگوت گیتا

सु उपनिषद सु भ्रम विद्यायाम योग शास्त्र

سُہ پنیہ شت سُو بھرم ودھیایام یوگ شاسترے

श्रीकृष्ण अर्जुन संवादे अक्षरब्रह्मयोगो नाम अष्टमोऽध्यायः ॥

شری کرشن ارجُن سمواد ے اکھشر برہمہ یوگو نام اشٹو ادِھیایاہ

ॐ श्रीपरमात्मने नमः

श्रीभगवानुवाच
इदं तु ते गुह्यतमं, प्रवक्ष्याम्य् अनसूयवे ।
ज्ञानं विज्ञानसहितं, यज् ज्ञात्वा मोक्ष्यसेऽशुभात् ॥९.१॥

राजविद्या राजगुह्यं, पवित्रम् इदम् उत्तमम् ।
प्रत्यक्षावगमं धर्म्यं, सुसुखं कर्तुम् अव्ययम् ॥९.२॥

अश्रद्दधानाः पुरुषा, धर्मस्यास्य परंतप ।
अप्राप्य मां निवर्तन्ते, मृत्युसंसारवर्त्मनि ॥९.३॥

मया ततम् इदं सर्वं, जगद् अव्यक्तमूर्तिना ।
मत्स्थानि सर्वभूतानि, न चाहं तेषु अवस्थितः ॥९.४॥

(4) مایا تتم اِدم سروم جگت اویکٹا مُورتِنہ
متستھانِ سروَ بھُوتانی نہ چاہم تیشو اوستھہ

न च मत्स्थानि भूतानि, पश्य मे योगम् ऐश्वरम् ।
भूतभृन् न च भूतस्थो, ममात्मा भूतभावनः ॥९.५॥

(5) نہ چہ متستھانِ بھوتانی پشیہ مے یوگم ایشورم
بھُوتہ بھرتہ نہ چہ بوتس تھو مماتما بھُوتہ بھاونہ

यथाकाशस्थितो नित्यं, वायुः सर्वत्रगो महान् ।
तथा सर्वाणि भूतानि, मत्स्थानीत्य् उपधारय ॥९.६॥

(6) یتھا آکاش استھتو نیتم وایوہ سرو ترگو مہان
تتھا سروانِ بھُوتانِ متستھانِ اِتے اُپا دھاریا

सर्वभूतानि कौन्तेय, प्रकृतिं यान्ति मामिकाम् ।
कल्पक्षये पुनस् तानि, कल्पादौ विसृजाम्य् अहम् ॥९.७॥

(7) سرو بھُوتانِ کونتیہ پرکرتم یانتی مام کام
کلپہ کھیے پُنس تانِی کلپادو وسرجامہ آہم

प्रकृतिं स्वाम् अवष्टभ्य, विसृजामि पुनः पुनः ।
भूतग्रामम् इमं कृत्स्नम्, अवशं प्रकृतेर् वशात् ॥९.८॥

(8) پرکرتم سوام اوشٹھہ بھیہ وِسرجامی پُناہ پُناہ
بھُوتہ گرام اِم کرت سنم اوشم پرکرتے وشات

न च मां तानि कर्माणि, निबध्नन्ति धनंजय ।
उदासीनवद् आसीनम्, असक्तं तेषु कर्मसु ॥९.९॥

(9) نہ چہ مام تانِ کرمانی نِبھہ دھنتی دھنن جیہ
اُداسِین وت آسِینم اسکتم تیشُو کرمسُو

मयाध्यक्षेण प्रकृतिः, सूयते सचराचरम् ।
हेतुनानेन कौन्तेय, जगद् विपरिवर्तते ॥९.१०॥

(10) مييه ادِ کشين پرکرتي سُہ سِتے سچرا چرم
ہے تو نانين کونتيہ جگت وِپر ورتتے

अवजानन्ति मां मूढा, मानुषीं तनुम् आश्रितम् ।
परं भावम् अजानन्तो, मम भूतमहेश्वरम् ॥९.११॥

(11) اوہ جاننتِہ مام مُوڑا مانوشيم تنُم آشرتم
پرم بھاوم اجانن تو ممہ بھُوتہ مہيشورم

मोघाशा मोघकर्माणो, मोघज्ञाना विचेतसः ।
राक्षसीम् आसुरीं चैव, प्रकृतिं मोहिनीं श्रिताः ॥९.१२॥

(12) موگا شا موگہ کرمانو موگ گيانہ وِچتيسہ
را کھشسيم آ سوريم چيوہ پرک رتم موہنيم شرتاہ

महात्मानस् तु मां पार्थ, दैवीं प्रकृतिम् आश्रिताः ।
भजन्त्य् अनन्यमनसो, ज्ञात्वा भूतादिम् अव्ययम् ॥९.१३

(13) مہاتما نس تو مام پارتھہ ديويم پرکرتم آشرتہ
بھجنتي اننيہ منسہ گياتوا بھُوتا دِم آويم

सततं कीर्तयन्तो मां, यतन्तश्च दृढव्रताः ।
नमस्यन्तश्च मां भक्त्या, नित्ययुक्ता उपासते ॥९.१४॥

(14) ستہ تم کيرتہ ين تو مام ين تاہ چہ درڈھ ورتہ
نمس ينتہ چہ مام بھکتيا نتيہ ئُکتا اُپاستے

ज्ञानयज्ञेन चाप्य् अन्ये, यजन्तो माम् उपासते ।
एकत्वेन पृथक्त्वेन, बहुधा विश्वतोमुखम् ॥९.१५॥

(15) گيانہ يگين چاپہ انيے يجنتو مام اُپاستے
ايکہ توين پرتھک توين بہُودا وِشوتو مُوکھم

73

अहं क्रतुर् अहं यज्ञः, स्वधाहम् अहम् औषधम् ।
मन्त्रोऽहम् अहम् एवाज्यम्, अहम् अग्निर् अहं हुतम् ॥९.१६॥

(16) اہم کرتو اہم یگیہ سوداہم اہم اوشدھم
منتروہم اہم ایوہ آجیم اہم اگنی اہم ہُوتم

पिताहम् अस्य जगतो, माता धाता पितामहः ।
वेद्यं पवित्रम् ओंकार, ऋक् साम यजुर् एव च ॥९.१७॥

(17) پِتا اہم اسیہ جگتو ماتا داتا پِتا مہہ
ویدیم پوِترم اومکارہ رِک سام یجُرایوچہ

गतिर् भर्ता प्रभुः साक्षी, निवासः शरणं सुहृत् ।
प्रभवः प्रलयः स्थानं, निधानं बीजम् अव्ययम् ॥९.१८॥

(18) گتیر بھرتا پربھُوہ ساکھشی نِواسہ شرنم سُہرت
پر بھواہ پرلیہ ستھانم نِدھانم بی جیم اوِیم

तपाम्य् अहम् अहं वर्षं, निगृह्णाम्य् उत्सृजामि च ।
अमृतं चैव मृत्युश्च, सद् असच् चाहम् अर्जुन ॥९.१९॥

(19) تپامیہ اہم اہم ورشم نِہ گرہ نام اُت سرجامی چہ
امرتم چَے و مرتیو شچہ ست است چہ اہم ارجُنہ

त्रैविद्या मां सोमपाः पूतपापा यज्ञैर् इष्ट्वा स्वर्गतिं प्रार्थयन्ते ।
ते पुण्यम् आसाद्य सुरेन्द्रलोकम् अश्नन्ति दिव्यान् दिवि देवभोगान् ॥९.२०॥

(20) ترودیا مام سومپا پُوتہ پاپا یگیے اِشٹوا سورگتم پرارتھینتے
تے پنیم آسادیہ سُریندرلوکم اشہ نتی دِویان دیوی دیوبھوگان

ते तं भुक्त्वा स्वर्गलोकं विशालं क्षीणे पुण्ये मर्त्यलोकं विशन्ति ।
एवं त्रयीधर्मम् अनुप्रपन्ना गतागतं कामकामा लभन्ते ॥९.२१॥

(21) تے تم بھُکتوا سورگہ لوکم وِشالم کھینے پُنیہ مرتیہ لوکم وِشن تی
ایوم ترئی دھرم اُنو پرپنہ گتا گتم کام کاما لبھنتے

अनन्याश् चिन्तयन्तो मां, ये जनाः पर्युपासते ।
तेषां नित्याभियुक्तानां, योगक्षेमं वहाम्य् अहम् ॥९.२२॥

(22) اِن یاش چِنتیہ ین تو ے جناہ پُریہ اُپاستے
تیشام نیتہ اِبھہ یکتانام یوگ کھیم وہاے اہم

येऽप्य् अन्यदेवता भक्ता, यजन्ते श्रद्धयान्विताः ।
तेऽपि माम् एव कौन्तेय, यजन्त्य् अविधिपूर्वकम् ॥९.२३॥

(23) یہ اپے انیہ دیوتا بھکتا یجنتے شردھیان وِتاہ
تے اِپہ مام ایوہ کونتی یہ یجنتے اُودِ پُوروکم

अहं हि सर्वयज्ञानां, भोक्ता च प्रभुर् एव च ।
न तु माम् अभिजानन्ति, तत्त्वेनातश् च्यवन्ति ते ॥९.२४॥

(24) اہم ہی سرویگیانام بھوکتا چہ پربھُور ایوچہ
نہ تُو مام ابھجا ننتی تتوینہ اتۂ چہ دنتی تے

यान्ति देवव्रता देवान्, पितॄन् यान्ति पितृव्रताः ।
भूतानि यान्ति भूतेज्या, यान्ति मद्याजिनोऽपि माम् ॥९.२५॥

(25) یانتی دیو ورتاہ دیوان پِترن یانتہ پِتر ورتاہ
بھوتانہ یانتی بھوتے جیہ یانتی مدھیہ جنواپہ مام

पत्रं पुष्पं फलं तोयं, यो मे भक्त्या प्रयच्छति ।
तद् अहं भक्त्युपहृतम्, अश्नामि प्रयतात्मनः ॥९.२६॥

(26) پترم پشپم پھلم تویم یوے بھکتیا پریہ چھتی
تداہم بھکتیو اُپہرتم اشنامی پریہ تاتمنہ

यत् करोषि यद् अश्नासि, यज् जुहोषि ददासि यत् ।
यत् तपस्यसि कौन्तेय, तत् कुरुष्व मदर्पणम् ॥९.२७॥

(27) یت کروشی یت اشناسی یت جُھوشی دداسی یت
یت تپسیہ یاسی کونتیہ تت کورو شو مدارپنم

75

शुभाशुभफलैर् एवं, मोक्ष्यसे कर्मबन्धनैः ।
संन्यासयोगयुक्तात्मा, विमुक्तो माम् उपैष्यसि ॥९.२८॥

(28) شُبھا شوبھہ پھلیہ ایوم موکھ یسے کرم بندھنے
سنیاسہ یوگہ یکتاتما وموکتو مام اُپے شیسی

समोऽहं सर्वभूतेषु, न मे द्वेष्योऽस्ति न प्रियः ।
ये भजन्ति तु मां भक्त्या, मयि ते तेषु चाप्य् अहम् ॥९.२९॥

(29) سموہم سروبھو تیشو نہ ے دوے شیوستہ نہ پریہ
یے بھجتی تُو مام بھکتیا میہ تے تیشو چاپہ اہم

अपि चेत् सुदुराचारो, भजते माम् अनन्यभाक् ।
साधुर् एव स मन्तव्यः, सम्यग् व्यवसितो हि सः ॥९.३०॥

(30) اِپہ چیت سُدراچارو بھجتے مام اننیہ بھاک
سادھو ایوہ سہ منہ تویا سمیک ویہ وستو ہی سہہ

क्षिप्रं भवति धर्मात्मा, शश्वच्छान्तिं निगच्छति ।
कौन्तेय प्रतिजानीहि, न मे भक्तः प्रणश्यति ॥९.३१॥

(31) کھپرم بھوتِہ دھرماتما ششوت شانتم نی گچھتی
کونتیہ پرتیہ جانی ہی نہ ے بھکتہ پرنہ شہ یتی

मां हि पार्थ व्यपाश्रित्य, येऽपि स्युः पापयोनयः ।
स्त्रियो वैश्यास् तथा शूद्रास्, तेऽपि यान्ति परां गतिम् ॥९.३२॥

(32) مام ہی پارتھہ ویپاشِرتیہ یے اِپہ سیوہ پاپہ یُونیہ
ستریاہ و یشیاہ تتھا شودر تے اَپی یانتی پرام گتم

किं पुनर् ब्राह्मणाः पुण्या, भक्ता राजर्षयस् तथा ।
अनित्यम् असुखं लोकम्, इमं प्राप्य भजस्व माम् ॥९.३३॥

(33) کم پُنر براہمناہ پُنیا بھکتا راجر شیاہ تتھا
اِنتیم آسُکھم لوکم اِمم پراپیہ بھجس وام

76

मन्मना भव मद्भक्तो, मद्याजी मां नमस्कुरु ।
माम् एवैष्यसि युक्त्वैवम्, आत्मानं मत्परायणः ॥९.३४॥

(34) من منا بھوہ مد بھکتو مدھیاجی مام نمسکُرو
مام ایوہ ایشہ یسی یکتوا ایوم آتمانم مت پراینہ

ॐ तत्सदिति श्रीमद् भगवद्गीता

اوم تت ست اِتی شریمد بھگوت گیتا

सु उपनिषद सु भ्रम विद्यायाम योग शास्त्र

سُہ پنیہ شت سُو بھرم وِدھیایام یوگ شاستر ے

श्रीकृष्ण अर्जुन संवादे राजविद्याराजगुह्ययोगो नाम नवमोऽध्यायः ॥

شری کرشن ارجُن سمواد ہے راج وِدھیاراج گُہیُ یوگونام نوموادھیایاه

ॐ श्रीपरमात्मने नमः

اوم شری پرماتمنے نمہ

श्रीभगवानुवाच
भूय एव महाबाहो, शृणु मे परमं वचः ।
यत् तेऽहं प्रीयमाणाय, वक्ष्यामि हितकाम्यया ।।१०.१।।

شری بھگوان اُواچ

(1) بھُویہ ایوہ مہا باہو شرنوے پرم وچہ
یت تے اہم پریما نایہ وکش یامی ہتکام پیا

न मे विदुः सुरगणाः, प्रभवं न महर्षयः ।
अहम् आदिर् हि देवानां, महर्षीणां च सर्वशः ।।१०.२।।

(2) نہ ے وِدوہ سُرگناہ پربھہ وم نہ مہر شیہ
اہم آدِرہی دیوانام مہرشی نام چہ سروشہ

यो माम् अजम् अनादिं च, वेत्ति लोकमहेश्वरम् ।
असंमूढः स मर्त्येषु, सर्वपापैः प्रमुच्यते ।।१०.३।।

(3) یومام اجم انادِم چہ ویتی لوکم مہیشورم
اَسموڈھ سہ مرتیو شُو سرو پاپَے پرمُوچتے

बुद्धिर् ज्ञानम् असंमोहः, क्षमा सत्यं दमः शमः ।
सुखं दुःखं भवोऽभावो, भयं चाभयम् एव च ॥१०.४॥

(4) بُدھہ گیانم اسموہہ کھیما ستیم دمہ شمہ
سکھم دُکھم بھوو بھاوو بھیم چ ابھیم اِیو چہ

अहिंसा समता तुष्टिस्, तपो दानं यशोऽयशः ।
भवन्ति भावा भूतानां, मत्त एव पृथग्विधाः ॥१०.५॥

(5) اہمسا سمتہ تُشٹ تپو دانم یشو یشہ
بھونتہ بھاوا بھُوتانام متہ ایوہ پرتھہ رِگو دھاہ

महर्षयः सप्त पूर्वे, चत्वारो मनवस् तथा ।
मद्भावा मानसा जाता, येषां लोक इमाः प्रजाः ॥१०.६॥

(6) مہرشیہ سپتہ پوروے چتوارو منوہ تتھا
مت بھاوا مانسا جاتا یشام لوکہ اِمام پرجاہ

एतां विभूतिं योगं च, मम यो वेत्ति तत्त्वतः ।
सोऽविकम्पेन योगेन, युज्यते नात्र संशयः ॥१०.७॥

(7) ایتام وِبھُوتم یوگم چہ ممہ یووِیت تتوتہ
سہ اوِکمپین یوگینہ یوبجتے ناتر سمشیہ

अहं सर्वस्य प्रभवो, मत्तः सर्वं प्रवर्तते ।
इति मत्वा भजन्ते मां, बुधा भावसमन्विताः ॥१०.८॥

(8) اہم سروسیہ پربھوو متاہ سروم پرورتتے
اِتِ متوا بھجتے مام بُدھا بھاو سہ منوتہ

मच्चित्ता मद्गतप्राणा, बोधयन्तः परस्परम् ।,
कथयन्तश्च मां नित्यं, तुष्यन्ति च रमन्ति च ॥१०.९॥

(9) مت چِتا مت گتہ پرانا بودھ ینتہ پرس پرم
کتھہ ینتہ چہ مام نِتیم تُشن تی چہ رمن تہ چہ

तेषां सततयुक्तानां, भजतां प्रीतिपूर्वकम् ।
ददामि बुद्धियोगं तं, येन माम् उपयान्ति ते ॥१०.१०॥

(10) تیشام ستت ٹیکتا نام   بھجتام پریتی پورو وکم
ددامی بُدھی یوگم تم   ییینہ مام اُپیان تی تے

तेषाम् एवानुकम्पार्थम्, अहम् अज्ञानजं तमः ।
नाशयाम्य् आत्मभावस्थो, ज्ञानदीपेन भास्वता ॥१०.११॥

(11) تیشام ایوانُکم پارتھم   اہم   اگیانجم   تمہ
ناشیامہ آتم بھاوستھہ   گیانہ دیپینہ بھاستہ

अर्जुन उवाच
परं ब्रह्म परं धाम, पवित्रं परमं भवान् ।
पुरुषं शाश्वतं दिव्यम्, आदिदेवम् अजं विभुम् ॥१०.१२॥

ارجُن اُواچ

(12) پرم برہمہ پرم دام   پوترم پرم بھوان
پُورشم شاشوتم دیویم   آدِدیوم اجم وِبھُم

आहुस् त्वाम् ऋषयः सर्वे, देवर्षिर् नारदस् तथा ।
असितो देवलो व्यासः, स्वयं चैव ब्रवीषि मे ॥१०.१३॥

(13) آہُو توام رُشہ یاہ سروے   دیورشی   نارده   تتھا
آسِتو   دیولو   ویاسہ   سویم چے وِبھرویشی ے

सर्वम् एतद् ऋतं मन्ये, यन् मां वदसि केशव ।
न हि ते भगवन् व्यक्तिं, विदुर् देवा न दानवाः ॥१०.१४॥

(14) سروم اے تت رِتم منئے   یت مام ودسی کیشوہ
نہ ہی تے بھگون ویکتم   ودُو   دیوانہ   دانواہ

स्वयम् एवात्मनात्मानं, वेत्थ त्वं पुरुषोत्तम ।
भूतभावन भूतेश, देवदेव जगत्पते ॥१०.१५॥

(15) سویم ایوا آتمنا آتمانم ویتّھ توم پُرشوتّم
بھُوت بھاون بھُویتیشہ دیو دیو جگت پتے

वक्तुम् अर्हस्य अशेषेण, दिव्या ह्य् आत्मविभूतयः ।
याभिर् विभूतिभिर् लोकान्, इमांस् त्वं व्याप्य तिष्ठसि ॥१०.१६॥

(16) وَکتم ارِہسہ اشے شینہ دیویا ہے آتم وِبھوتیہ
یابھہ وِبھُوتِ بھہ لوکان اِمام توم ویاپہ تِشٹھسی

कथं विद्याम् अहं योगिंस्, त्वां सदा परिचिन्तयन् ।
केषु केषु च भावेषु, चिन्त्योऽसि भगवन् मया ॥१०.१७॥

(17) کتھم ودھیام اہم یورگن توام سدا پری چِن تین
کیشو کیشو چہ بھاویشو چِنتیواِسہ بھگون میاہ

विस्तरेणात्मनो योगं, विभूतिं च जनार्दन ।
भूयः कथय तृप्तिर् हि, शृण्वतो नास्ति मेऽमृतम् ॥१०.१८॥

(18) وِیسترین آتمنو یوگم وِبھُوتم چہ جناردھنہ
بھُویہ کتھیہ ترپتی ہی شرنا وتوناستی ے امرتم

श्रीभगवानुवाच
हन्त ते कथयिष्यामि, दिव्या ह्य् आत्मविभूतयः ।
प्राधान्यतः कुरुश्रेष्ठ, नास्त्य् अन्तो विस्तरस्य मे ॥१०.१९॥

شری بھگوان اُواچ

(19) ہنہ تتے کتھہ یشامی دِیویا ہے آتم وِبھُوتیہ
پرادھا نیتہ کورو شریشٹھہ نہ اِستہ انتہ وِسترسیہ ے

अहम् आत्मा गुडाकेश, सर्वभूताशायस्थितः ।
अहम् आदिश्च मध्यं च, भूतानाम् अन्त एव च ॥१०.२०॥

(20) اہم آتما گڈا کیشہ سرو بھُوتا شیس تھیتہ
اہم آدِشچہ مدھیم چہ بھُوتانام انتہ ایوچہ

आदित्यानाम् अहं विष्णुर्, ज्योतिषां रविर् अंशुमान् ।
मरीचिर् मरुताम् अस्मि, नक्षत्राणाम् अहं शशी ॥१०.२१॥

(21) آدِتیانام اہم وِشنو جیوتہ شام روِ انشُہ مان
مریچہ مرُتام اسی نکشترا نام اہم ششی

वेदानां सामवेदोऽस्मि, देवानाम् अस्मि वासवः ।
इन्द्रियाणां मनश्चास्मि, भूतानाम् अस्मि चेतना ॥१०.२२॥

(22) ویدا نام سامہ وید اسی دیوا نام اسی واسوہ
اِندریانام منس چہ اسی بھُوتانام اسی چیتنہ

रुद्राणां शंकरश् चास्मि, वित्तेशो यक्षरक्षसाम् ।
वसूनां पावकश् चास्मि, मेरुः शिखरिणाम् अहम् ॥१०.२३॥

(23) رُدرانام شنکرہ چاسی وِتیشو یکشر کھشام
وسُونام پاوکہ چاسی میروہہ شِکھر نام اہم

पुरोधसां च मुख्यं मां, विद्धि पार्थ बृहस्पतिम् ।
सेनानीनाम् अहं स्कन्दः, सरसाम् अस्मि सागरः ॥१०.२४॥

(24) پُورو دسام چہ مُکھیم مام وِدھی پارتھہ برہسپتم
سینانی نام اہم سکنداہ سرسام اسی ساگرہہ

महर्षीणां भृगुर् अहं, गिराम् अस्म्य् एकम् अक्षरम् ।
यज्ञानां जपयज्ञोऽस्मि, स्थावराणां हिमालयः ॥१०.२५॥

(25) مہر شی نام برِگو اہم رِگرام اَسمۓ ایکم اکھثرم
یگیہ نام جپہ یگیہ اسی ستھا ورا نام ہمالیہ

अश्वत्थः सर्ववृक्षाणां, देवर्षीणां च नारदः ।
गन्धर्वाणां चित्ररथः, सिद्धानां कपिलो मुनिः ॥१०.२६॥

(26) اشوتھ سرو ورکھشانام دیورشی نام چہ ناردا
گندروا نام چترتھ سِدھا نام کپلو مُنے

उच्चैःश्रवसम् अश्वानां, विद्धि माम् अमृतोद्भवम् ।
ऐरावतं गजेन्द्राणां, नराणां च नराधिपम् ॥१०.२७॥

(27) اُچّے شروسم آشوانم وِدّھی مام آمر تودبھوم
ایراوتم گجیندرا نام نرانام چہ نرادِ پم

आयुधानाम् अहं वज्रं, धेनूनाम् अस्मि कामधुक् ।
प्रजनश् चास्मि कन्दर्पः, सर्पाणाम् अस्मि वासुकिः ॥१०.२८॥

(28) ایو دھانام اہم وجرم دھینو نام اسّی کام دُک
پرجنہ چاسّی کندرپہ سرپانام اسّی واسُکے

अनन्तश् चास्मि नागानां, वरुणो यादसाम् अहम् ।
पितृणाम् अर्यमा चास्मि, यमः संयमताम् अहम् ॥१०.२९॥

(29) اننتہ چاسّی ناگانام ورنو یاد سام اہم
پِتر نام اریما چاسّی یمہ سم یم تام اہم

प्रह्लादश् चास्मि दैत्यानां, कालः कलयताम् अहम् ।
मृगाणां च मृगेन्द्रोऽहं, वैनतेयश्च पक्षिणाम् ॥१०.३०॥

(30) پرہلاو چاسّی دیتیانام کالہ کالیہ تام اہم
مرگا نام چہ مرگیندروہم وینے نے یش چہ پکھشی نام

पवनः पवताम् अस्मि, रामः शस्त्रभृताम् अहम् ।
झषाणां मकरश् चास्मि, स्रोतसाम् अस्मि जाह्नवी ॥१०.३१॥

(31) پونہ پوتام اسّی رامہ شستر بھرتام اہم
جِشانام مکر چاسّی شرتو تسام اسّی جاہنوی

सर्गाणाम् आदिर् अन्तश्च, मध्यं चैवाहम् अर्जुन ।
अध्यात्मविद्या विद्यानां, वादः प्रवदताम् अहम् ॥१०.३२॥

(32) سرگا نام آدِرِ انتس چِ مدّهيم چئ واهم ارجُنَ
ادهيائم وِديا وِديانام وِادَه پرودتام اهم

अक्षराणाम् अकारोऽस्मि, द्वन्द्वः सामासिकस्य च ।
अहम् एवाक्षयः कालो, धाताहं विश्वतोमुखः ॥१०.३३॥

(33) اکهشرا نام اکاره اسّي دوندھ سام سکيسه چِ
اهم ايو اکهشيه کاله داتا اهم وِشوتو موکھه

मृत्युः सर्वहरश्चाहम्, उद्भवश्च भविष्यताम् ।
कीर्तिः श्रीर् वाक् च नारीणां, स्मृतिर् मेधा धृतिः क्षमा १०.३४

(34) مرتيوه سر و هره چِ اهم اُدبهوه چِ بهو وِشٽام
کيرتي شِري واک چِ نارينام سمرتر ميدها دهرتي کهيما

बृहत्साम तथा साम्नां, गायत्री छन्दसाम् अहम् ।
मासानां मार्गशीर्षोऽहम्, ऋतूनां कुसुमाकरः ॥१०.३५॥

(35) برهت سامه تتّها سامنام گايتري چهند سام اهم
ماسا نام مارگ ٿِرشو اهم رِتو نام کُسما کراه

द्यूतं छल्यताम् अस्मि, तेजस् तेजस्विनाम् अहम् ।
जयोऽस्मि व्यवसायोऽस्मि, सत्त्वं सत्त्ववताम् अहम् ॥१०.३६

(36) دُهيوتم چهليه تام اسّي تيجه تيجوسام اهم
جيه اسّي ويوه سايه اسّي ستوم ستوتام اهم

वृष्णीनां वासुदेवोऽस्मि, पाण्डवानां धनंजयः ।
मुनीनाम् अप्प् अहं व्यासः, कवीनाम् उशना कविः ॥१०.३७॥

(37) ورشني نام واسديو اسّي پانڊوا نام دنن جيه
مُني نام اپيه اهم وياسه کوِي نام اُوشنَ کوي

दण्डो दमयताम् अस्मि, नीतिर् अस्मि जिगीषताम् ।
मौनं चैवास्मि गुह्यानां, ज्ञानं ज्ञानवताम् अहम् ॥१०.३८॥

(38) ڈنڈو دمہ یتام اَسمی نیتی اَسمی جگیشتام
مونم چیو اَسمی گُہیا نام گیانم گیانہ وتام اہم

यच् चापि सर्वभूतानां, बीजं तद् अहम् अर्जुन ।
न तद् अस्ति विना यत् स्यान्, मया भूतं चराचरम् ॥१०.३९॥

(39) یت چہ اپی سرو بھُوتانام بی جیم تت اہم ارجُنہ
نہ تت استی وِنایت سیات میہ بھُوتم چرا چرم

नान्तोऽस्ति मम दिव्यानां, विभूतीनां परंतप ।
एष तूद्देशतः प्रोक्तो, विभूतेर् विस्तरो मया ॥१०.४०॥

(40) نہ انتہ استی ممہ دیویانام وِبھُوتے نام پرم تپہ
ایشہ تُدیشتہ پروکتو وبھوتر وِسترو میا

यद् यद् विभूतिमत् सत्त्वं, श्रीमद् ऊर्जितम् एव वा ।
तत् तद् एवावगच्छ त्वं, मम तेजोंऽशसंभवम् ॥१०.४१॥

(41) یت یت وِبھُوتِ مت ستوم شریمت اُرجِتم ایووا
تت تت ایووا وِچھہ توم ممہ تیجو اشہ سمبھوم

अथवा बहुनैतेन, किं ज्ञातेन तवार्जुन ।
विष्टभ्याहम् इदं कृत्स्नम्, एकांशेन स्थितो जगत् ॥१०.४२॥

(42) اَتھوا بہونا اتینہ کم گیا تینہ تو ارجُنہ
وِشٹبھیہ اہم اِدم کرت سنم ایکام شینہ استھو جگت

ॐ तत्सदिति श्रीमद् भगवद्गीता

اوم تت ست اِتی شریمد بھگوت گیتا

सु उपनिषद सु भ्रम विद्यायाम योग शास्त्र

سُہ پنیہ شت سُو بھرم وِدھیایام یوگ شاسترے

श्रीकृष्ण अर्जुन संवादे विभूतियोगो नाम दशमोऽध्यायः ॥

شری کرشن ارجُن سمواد ے وِبھوتی یوگو نام دشموادھیایاہ

ॐ श्रीपरमात्मने नमः

اوم شری پرماتمنے نمہ

अर्जुन उवाच

मदनुग्रहाय परमं, गुह्यम् अध्यात्मसंज्ञितम् ।
यत् त्वयोक्तं वचस् तेन, मोहोऽयं विगतो मम ॥११.१॥

ارجُن اُواچ

(1) مت انوگرہائے پرم گہیُم ادھیاتم سنگتم

یت تویو اُکتم وچس تین موہو ایم وِگتو مَمہ

भवाप्ययौ हि भूतानां, श्रुतौ विस्तरशो मया ।
त्वत्तः कमलपत्राक्ष, माहात्म्यम् अपि चाव्ययम् ॥११.२॥

(2) بھواپہ یوہی بھُوتانام شُرتو وِسترشو میا

توتاہ کملہ پترا کھیشہ مہاتمیم اپہ چہ اویم

एवम् एतद् यथात्थ त्वम्, आत्मानं परमेश्वर ।
द्रष्टुम् इच्छामि ते रूपम्, ऐश्वरं पुरुषोत्तम ॥११.३॥

(3) ایوم اے تت یتھا تتھہ توم آتما نم پر میشور

دُرشٹم اچھیام تے رُوپم ایشو رم پُر شوتمہ

मन्यसे यदि तच् छक्यं, मया द्रष्टुम् इति प्रभो ।
योगेश्वर ततो मे त्वं, दर्शयात्मानम् अव्ययम् ॥११.४॥

(4) منیسۓ یدِ تت شکیم میا درشٹم اِتی پربھو
یوگیشور تتوۓ توم درشیہ آتمانم اُویم

श्रीभगवानुवाच

पश्य मे पार्थ रूपाणि, शतशोऽथ सहस्रशः ।
नानाविधानि दिव्यानि, नानावर्णाकृतीनि च ॥११.५॥

شری بھگوان اُواچ

(5) پشہ ۓ پارتھ رُوپانی شتہ شوتھہ سہترشہ
نانا وِدھانی دِیویانی نانا ورنہ کرتی نی چہ

पश्यादित्यान् वसून् रुद्रान्, अश्विनौ मरुतस् तथा ।
बहून्य् अदृष्टपूर्वाणि, पश्याश्चर्याणि भारत ॥११.६॥

(6) پشیہ آدِتیان وسُن رُودران اَشو نو مروتہ تتھا
بہو نیہ اُدرشٹہ پُور دانی پشیہ آش چریانی بھارت

इहैकस्थं जगत् कृत्स्नं, पश्याद्य सचराचरम् ।
मम देहे गुडाकेश, यच् चान्यद् द्रष्टुम् इच्छसि ॥११.७॥

(7) اِہ ایکستھم جگت کرت سنم پشیہ ادِیہ سچرا چرم
ممہ دیہے گڈاکیشہ یت چہانیہت درشٹم اِچھسی

न तु मां शक्यसे द्रष्टुम्, अनेनैव स्वचक्षुषा ।
दिव्यं ददामि ते चक्षुः, पश्य मे योगम् ऐश्वरम् ॥११.८॥

(8) نہ تو مام شکیسہ درشٹم انین ایو سُو چکھوشا
دِیوم دِوامی تے چکھشو پشہ ۓ یوگم ایشوریم

संजय उवाच

एवम् उक्त्वा ततो राजन्, महायोगेश्वरो हरिः ।
दर्शयामास पार्थाय, परमं रूपम् ऐश्वरम् ॥११.९॥

سنجے اُواچ

(9) ایوم اوکتوا تتو راجن مہا یو گیشورہ ہری

درشیام آس پارتھا یہ پرم رُوپم ایشوریم

अनेकवक्त्रनयनम्, अनेकाद्भुतदर्शनम् ।
अनेकदिव्याभरणं, दिव्यानेकोद्यतायुधम् ॥११.१०॥

(10) انیک وکتر نینم انیک ادبوتہ درشنم

انیک دیویہ آبھرنم دوہہ انیک اودھتا یدھم

दिव्यमाल्याम्बरधरं, दिव्यगन्धानुलेपनम् ।
सर्वाश्चर्यमयं देवम्, अनन्तं विश्वतोमुखम् ॥११.११॥

(11) دیو مالیام بھر دھرم دیویہ گندا نولے پنم

سرواش چریہ میم دیوم اننتم وشو تو مُکھم

दिवि सूर्यसहस्रस्य, भवेद् युगपद् उत्थिता ।
यदि भाः सदृशी सा स्याद्, भासस् तस्य महात्मनः ॥११.१२॥

(12) دِیوی سوریہ سہترسیہ بھویت یگ پد اُتھہ

یدھی بھاسدرشی ساسیات بھاس تسیہ مہاتمناہ

तत्रैकस्थं जगत् कृत्स्नं, प्रविभक्तम् अनेकधा ।
अपश्यद् देवदेवस्य, शरीरे पाण्डवस् तदा ॥११.१३॥

(13) تتر ایکستھم جگت کرتسنم پرو بھکتم انیکدھا

اپہ شت دیو دیوسیہ شریرے پانڈوس تدا

ततः स विस्मयाविष्टो, हृष्टरोमा धनंजयः ।
प्रणम्य शिरसा देवं, कृताञ्जलिर् अभाषत ॥११.१४॥

(14) تتہ سہ وِسمیا وِشٹو ہرِشٹ روما دھنجیہ
پرنمیہ شرسہ دیویم کرتان جلہ ابھاشتہ

अर्जुन उवाच

पश्यामि देवांस् तव देव देहे, सर्वांस् तथा भूतविशेषसंघान् ।
ब्रह्माणम् ईशं कमलासनस्थम्, ऋषींश्च सर्वान् उरगांश्च दिव्यान ॥११.१५॥

ارجن اُواچ

(15) پشیامی دیوان توہ دیو دیہے سروان تتھا بھوتہ وشیشہ سن گان
برہمانم ایشم کملاسنس تھم رِشین چہ سروان اُرگان چہ دیویان

अनेकबाहूदरवक्त्रनेत्रं, पश्यामि त्वां सर्वतोऽनन्तरूपम् ।
नान्तं न मध्यं न पुनस् तवादिं, पश्यामि विश्वेश्वर विश्वरूप ॥११.१६॥

(16) انیکہ باہو دھر وکتر نیترم پشامی توم سروتو انت رُوپم
نہ انتم نہ مدھیم نہ پُن تو آوِم پشیامی ویشوے شور وِشو رُوپہ

किरीटिनं गदिनं चक्रिणं च, तेजोराशिं सर्वतो दीप्तिमन्तम् ।
पश्यामि त्वां दुर्निरीक्ष्यं समन्ताद्, दीप्तानलार्कद्युतिम् अप्रमेयम ॥११.१७॥

(17) کیری ٹِنم گدِنم چکرِنم چہ تیجوراشم سروتو دیپتم انتم
پشیامی توام دُور نِرکھشم سمن تات دِپتا نلارک دیو تم اپریمیم

त्वम् अक्षरं परमं वेदितव्यं, त्वम् अस्य विश्वस्य परं निधानम् ।
त्वम् अव्ययः शाश्वतधर्मगोप्ता, सनातनस् त्वं पुरुषो मतो मे ॥११.१८॥

(18) توم اکھرم پرم ویدِ تویم توم اسہ وِشوسیہ پرم نِدانم
توم آویہہ شاشوتہ دھرم گوپتا سناتن توم پُرشو متومے

अनादिमध्यान्तम् अनन्तवीर्यम्, अनन्तबाहुं शशिसूर्यनेत्रम् ।
पश्यामि त्वां दीप्तहुताशवक्त्रं, स्वतेजसा विश्वम् इदं तपन्तम् ॥११.१९॥

(19) انادِ مدھیان تم اننت وِریم اننتہ باہوم ششی سوریہ نیترم
پشیامی توام دِپتہ ہُتاشہ وکترم سوتے جسہ وِشوم اِدم تپُن تم

द्यावापृथिव्योर् इदम् अन्तरं हि, व्याप्तं त्वयैकेन दिशश्च सर्वाः ।
दृष्ट्वाद्भुतं रूपम् उग्रं तवेदं, लोकत्रयं प्रव्यथितं महात्मन् ॥११.२०॥

(20) دھاوا پرتھہ ویور اِدم انترم ہی ویاپتم تویئے کین دِشس چہ سرواہ
درشٹ ادبُتم رُوپم اُگرم تواے دم لوک تریم پروے تھتم مہاتمن

अमी हि त्वां सुरसंघा विशन्ति, केचिद् भीताः प्राञ्जलयो गृणन्ति ।
स्वस्तीत्य् उक्त्वा महर्षिसिद्धसंघाः, स्तुवन्ति त्वां स्तुतिभिः पुष्कलाभिः ॥११.२१॥

(21) اِمی ہی توم سُور سنگھا وِشنتے کچِت بھیتاہ پران جلیو گرنتی
سوستی تیوکتوا مہرشی سِدھ سنگھا ستوِ ونتی توام ستُتہ بھی پُش کلابھی

रुद्रादित्या वसवो ये च साध्या, विश्वेऽश्विनौ मरुतश् चोष्मपाश्च ।
गन्धर्वयक्षासुरसिद्धसंघा, वीक्षन्ते त्वां विस्मिताश् चैव सर्वे ॥११.२२॥

(22) رُودرا دِتیہ وسو ویہ چہ سادھیا وشوے اِشونو مروتہ چہ اُشمپاشچہ
گندھرو یکھش سور سدھہ سنگاہ ویکھنتے توام وِسمتہ چَے وسروے

रूपं महत् ते बहुवक्त्रनेत्रं, महाबाहो बहुबाहुरुपादम् ।
बहूदरं बहुदंष्ट्राकरालं, दृष्ट्वा लोकाः प्रव्यथितास् तथाऽहम् ॥११.२३॥

(23) رُوپم مہتے بہُو وکتر نیترم مہاباہو بہو باہو روپادم
بہو دھرم بہو دنشٹرا کرالم درشٹوا لوکاہ پروِ تھتاہ تتھا اہم

नभःस्पृशं दीप्तम् अनेकवर्णं, व्यात्ताननं दीप्तविशालनेत्रम् ।
दृष्ट्वा हि त्वां प्रव्यथितान्तरात्मा, धृतिं न विन्दामि शमं च विष्णो ॥११.२४॥

(24) نبھاہ سپرشم دِپتم انیکہ ورنم ویاتانم دِپتہ وِشالہ نیترم
درشٹوا ہہ توام پروے تھتوان تراتما درِتم نہ وِندامی شمم چہ ویشنو

दंष्ट्राकरालानि च ते मुखानि, दृष्ट्वैव कालानलसन्निभानि ।
दिशो न जाने न लभे च शर्म, प्रसीद देवेश जगन्निवास ॥११.२५॥

(25) دھنشٹرا کرالانی چ تے مُکھانی درشٹے و کالا نل سنبھانی
دِشونہ جانے نہ لبھے چ شرم پرسید دیویشہ جگن نہ واسہ

अमी च त्वां धृतराष्ट्रस्य पुत्राः, सर्वे सहैवावनिपालसंघैः ।
भीष्मो द्रोणः सूतपुत्रस् तथासौ, सहास्मदीयैर् अपि योधमुख्यैः ॥११.२६॥

(26) اَمی چ توام دھرتراشٹیہ پُتراہ سروی سہےَ واوانِ پالہ سنگے
بھشم درونہ سُوت پُترس تھاسو سہاسمادیہر اپہ یودھہ مُکھیےَ

वक्त्राणि ते त्वरमाणा विशन्ति, दंष्ट्राकरालानि भयानकानि ।
केचिद् विलग्ना दशनान्तरेषु, संदृश्यन्ते चूर्णितैर् उत्तमाङ्गैः ॥११.२७॥

(27) وکترانی تے تور مانا وِشنتی دنش ٹراکرالانی بھیانکانی
کچِد وِلگنہ دشنان تریشو سن درشِنتی پُورنی تیر اُتمانگہیہ

यथा नदीनां बहवोऽम्बुवेगाः, समुद्रम् एवाभिमुखा द्रवन्ति ।
तथा तवामी नरलोकवीरा, विशन्ति वक्त्राण्य् अभिविज्वलन्ति ॥११.२८॥

(28) یتھا ندینام بہاوو اَمبہ ویگاہ سمُدر رم ایوا بِمُکھا دروَنتی
تتھا توامی نرلوکہ ویرا وِشنتی وکترانیہ ابھہ وِج وَلنتی

यथा प्रदीप्तं ज्वलनं पतङ्गा, विशन्ति नाशाय समृद्धवेगाः ।
तथैव नाशाय विशन्ति लोकास्, तवापि वक्त्राणि समृद्धवेगाः ॥११.२९॥

(29) یتھا پردیپتم جولنم پتنگا وِشنتی ناشاےَ سمردھ ویگا
تتھیےَ وہ ناشاےَ وِشنِتہ لوکا تواپہ دکتران سمردھ ویگا

लेलिह्यसे ग्रसमानः समन्तात्, लोकान् समग्रान् वदनैर् ज्वलद्भिः ।
तेजोभिर् आपूर्य जगत् समग्रं, भासस् तवोग्राः प्रतपन्ति विष्णो ॥११.३०॥

(30) لیلہ ہیسہ گرسماناہ سمنتاہ لوکان سماگران ودنیر جوالا دبہ
تیجو بھرا پوریہ جگت سم گرم بھاس تووگرہ پرتہ پنتی وِشنو

आख्याहि मे को भवान् उग्ररूपो, नमोऽस्तु ते देववर प्रसीद ।
विज्ञातुम् इच्छामि भवन्तम् आद्यं, न हि प्रजानामि तव प्रवृत्तिम् ॥११.३१॥

(31) آکھیاہی مے کو بھوان اُگرروپو نمو ستوتے دیوور پرسیدہ
وِگیاتُم اچھیامی بھوتم آدھیم نہ ہی پرجانا می توو پرورتم

श्रीभगवानुवाच

कालोऽस्मि लोकक्षयकृत् प्रवृद्धो, लोकान् समाहर्तुम् इह प्रवृत्तः ।
ऋतेऽपि त्वां न भविष्यन्ति सर्वे, येऽवस्थिताः प्रत्यनीकेषु योधाः ॥११.३२॥

شری بھگوان اُواچ

(32) کالوسمی لوکہ کھیسہ کرت پروردو لو کان سماہر توم ایہہ پرورتہ
رِتہ اِپے توام نہ بھوشینتہ سروے یے اوِستھِتہ پرتہ نی کیشُو یودھا

तस्मात् त्वम् उत्तिष्ठ यशो लभस्व, जित्वा शत्रून् भुङ्क्ष्व राज्यं समृद्धम् ।
मयैवैते निहताः पूर्वम् एव, निमित्तमात्रं भव सव्यसाचिन् ॥११.३३॥

(33) تسمات توم اُتشٹھا یشو لبسو جِتوہ شترُون بھنکھیو راجیم سمردھم
میا ایو اِیتے نِہتاہ پوروم ایوہ نِمتہ ماترم بھوہ سوسیہ ساچِن

द्रोणं च भीष्मं च जयद्रथं च, कर्णं तथान्यान् अपि योधवीरान् ।
मया हतांस् त्वं जहि मा व्यथिष्ठा, युध्यस्व जेतासि रणे सपत्नान् ॥११.३४॥

(34) درونم چہ بھیشمم چہ جئے دھرتھم چہ کرنم تتھا انیان اپی یودھا ویران
میا ہتان توم جاہی ما وِتشٹھا یدھسو جتاسی رنے سپت نان

संजय उवाच

एतच् छ्रुत्वा वचनं केशवस्य, कृताञ्जलिर् वेपमानः किरीटी ।
नमस्कृत्वा भूय एवाह कृष्णं, सगद्गदं भीतभीतः प्रणम्य ॥११.३५॥

سنجے اُواچ

(35) ایتت شرُتوا وچنم کیشوسیہ کرتان جلیر ویپہ ماناہ کرتی ٹی
نمس کرِتوا بویہ ایواہ کرشنم سگدگتم بھیت بھیتاہ پرنہ میہ

95

अर्जुन उवाच

स्थाने हृषीकेश तव प्रकीर्त्या, जगत् प्रहृष्यत्य् अनुरज्यते च ।
रक्षांसि भीतानि दिशो द्रवन्ति, सर्वे नमस्यन्ति च सिद्धसंघाः ॥११.३६॥

ارجن اُواچ

(36) ستھانے ہرشی کیشہ تو پرکیرتیاہ   جگت پر ہرشیتہ انورا جئتے چہ
رکھشانسی   بھیتانی   دِشو درونتی   سروے نم سنتی چہ سِدھ سنگھاہ

कस्माच् च ते न नमेरन् महात्मन्, गरीयसे ब्रह्मणोऽप्य् आदिकर्त्रे ।
अनन्त देवेश जगन्निवास, त्वम् अक्षरं सद् असत् तत्परं यत् ॥११.३७॥

(37) کسمات چہ تینے نے رن مہاتمن   گریسے برہمنو اپے ادکرترے
اننتہ   دیویشہ   جگن   نِواسہ   توام اکھر مست است تت پرم یتہ

त्वम् आदिदेवः पुरुषः पुराणस्, त्वम् अस्य विश्वस्य परं निधानम् ।
वेत्तासि वेद्यं च परं च धाम, त्वया ततं विश्वम् अनन्तरूप ॥११.३८॥

(38) توم آدِ دیواہ پُرشہ پُرانہ   توم اسیہ وِشوسیہ پرم نِدھانم
ویتاسہ وِدیم چہ پرم چہ دھامہ   تویہ تتم وِشوم اننتہ رُوپا

वायुर् यमोऽग्निर् वरुणः शशाङ्कः, प्रजापतिस् त्वं प्रपितामहश्च ।
नमो नमस्तेऽस्तु सहस्रकृत्वः, पुनश्च भूयोऽपि नमो नमस्ते ॥११.३९॥

(39) وایو یمہ اگنی ورونہ شہ شانکاہ   پرجا پتِس توم پرپِتا مہسہ چہ
نمو نمستے استو سہستر کرتواہ   پُنش چہ بھُویوپہ نمو نمستے

नमः पुरस्ताद् अथ पृष्ठतस् ते, नमोऽस्तु ते सर्वत एव सर्व ।
अनन्तवीर्यामितविक्रमस् त्वं, सर्व समाप्नोषि ततोऽसि सर्वः ॥११.४०॥

(40) نماہ پرستات اتھہ پرشٹھتس تے   نمو استوتہ سروتہ ایوہ سروہ
آننتہ وِرِیام اِتہ وِکرمہ توم   سروم سماپ نوشی تتوسہ سروہ

सखेति मत्वा प्रसभं यद् उक्तं, हे कृष्ण हे यादव हे सखेति ।
अजानता महिमानं तवेदं, मया प्रमादात् प्रणयेन वापि ॥११.४१॥

(41) سکھا اِتی متوا پرسبھم یدُ اُکتم   ہے کرشن ہے یادوا ہے سکھیتی
آجانتا مہی مانم توی دم میا پرمادات پرنہ ینَے واپی

यच् चावहासार्थम् असत्कृतोऽसि, विहारशय्यासनभोजनेषु ।
एकोऽथवाप्य् अच्युत तत्समक्षं, तत् क्षामये त्वाम् अहम् अप्रमेयम् ॥११.४२॥

(42) یت چ اوہا سارتھم است کرِ توا سی   وہارہ شیاسنہ بھوج نیشو
ایکہ اتھوا پیہ اچُوتے تت سمکھم   تت کھیامئے توام اہم اَپر میم

पितासि लोकस्य चराचरस्य, त्वम् अस्य पूज्यश्च गुरुर् गरीयान् ।
न त्वत्समोऽस्त्य् अभ्यधिकः कुतोऽन्यो, लोकत्रयेऽप्य् अप्रतिमप्रभाव ॥११.४३॥

(43) پتاسہ لو کسیہ چرا چرسیہ   تومسیہ پُو جشچہ گورو گرِیان
نہ تت سموا ستیہ ابھیہ دِکھ کتُہ انیو   لوکہ تریہ اپے اپرتم پربھاوا

तस्मात् प्रणम्य प्रणिधाय कायं, प्रसादये त्वाम् अहम् ईशम् ईड्यम् ।
पितेव पुत्रस्य सखेव सख्युः, प्रियः प्रियायार्हसि देव सोढुम् ॥११.४४॥

(44) تسمات پرنمیہ پرنِہ دھایہ کایم   پرسادئے توام اہم ایشم اِڈیم
پِتا ایو پُترسیہ سکھا ایو سکھیوہ   پریاہ پریایاہ اہرسی دیوہ سوڈم

अदृष्टपूर्वं हृषितोऽस्मि दृष्ट्वा, भयेन च प्रव्यथितं मनो मे ।
तद् एव मे दर्शय देव रूपं, प्रसीद देवेश जगन्निवास ॥११.४५॥

(45) ادھرشٹہ پُوروم ہرشتہ اسمہ درشٹوا   بھیہ نہ چہ پرویہ تھتم منوے
تد ایوہ ے درشیہ دیوُروپم   پرسید دیویشیہ جگن نِواسہ

किरीटिनं गदिनं चक्रहस्तम्, इच्छामि त्वां द्रष्टुम् अहं तथैव ।
तेनैव रूपेण चतुर्भुजेन, सहस्रबाहो भव विश्वमूर्ते ॥११.४६॥

(46) کری ٹنم گِدنم چکرہستم   اچھامی توام درشٹم اہم تتھئے و
تے نیورو پین چُتر بھُجین سہتر باہو بھوہ وشو مورتے

श्रीभगवानुवाच

मया प्रसन्नेन तवार्जुनेदं, रूपं परं दर्शितम् आत्मयोगात् ।
तेजोमयं विश्वम् अनन्तम् आद्यं, यन् मे त्वदन्येन न दृष्टपूर्वम् ॥११.४७॥

شری بھگوان اُواچ

(47) میا پرسنین توہ ارجنے دم   رُوپم پرم درشتم آتم یوگات
تیجومئیم وِشوم انّتم آدھیم   یت ے تود انیہ نہ درشٹہ پوروم

न वेदयज्ञाध्ययनैर् न दानैर्, न च क्रियाभिर् न तपोभिर् उग्रैः ।
एवंरूपः शक्य अहं नृलोके, द्रष्टुं त्वदन्येन कुरुप्रवीर ॥११.४८॥

(48) نہ وید یگیہ ادھین یین نہ دانے   نہ چہ کریا بھہ نہ تپو بھہ اُگرئی
ایوم رُوپاہ شکیہ اہم نرلوکے   درشٹم تود ینہ کورو پرویرہ

मा ते व्यथा मा च विमूढभावो, दृष्ट्वा रूपं घोरम् ईदृङ्ममेदम् ।
व्यपेतभीः प्रीतमनाः पुनस् त्वं, तद् एव मे रूपम् इदं प्रपश्य ॥११.४९॥

(49) ماتے وِتھا ماچہ وِمُوڈ بھاوہ   درشٹو اُروپم گورم اِدرِن مے ادم
ویا پیتہ بھی پریتمناہ پُنہ توم   تدایوہ ے رُوپم اِدم پرپشیہ

संजय उवाच

इत्य् अर्जुनं वासुदेवस् तथोक्त्वा, स्वकं रूपं दर्शयामास भूयः ।
आश्वासयामास च भीतम् एनं, भूत्वा पुनः सौम्यवपुर् महात्मा ॥११.५०॥

سنجے اُواچ

(50) اتیہ ارجم واسدیوس تتھوکتوا   سوکم رُوپم درشیام آس بھویاہ
آشوا سیام آس چہ بھیتم اینم   بھُوتوا پُناہ سوم یوپوہ مہاتما

अर्जुन उवाच
दृष्ट्वेदं मानुषं रूपं, तव सौम्यं जनार्दन ।
इदानीम् अस्मि संवृत्तः, सचेताः प्रकृतिं गतः ॥११.५१॥

ارجن اُواچ

(51) درشٹوا اِدم مانوشم رُوپم   توہ سومیم   جناردھن
اِدھانیم اَسّی سم   ورتہ   سچیتاہ   پرکرتم   گتاہ

श्रीभगवानुवाच
सुदुर्दर्शम् इदं रूपं, दृष्टवानसि यन् मम ।
देवा अप्य् अस्य रूपस्य, नित्यं दर्शनकाङ्क्षिणः ॥११.५२॥

شری بھگوان اُواچ

(52) سُدردرشم اِدم رُوپم درشٹوان اسی ین ممہ
دیوا اپہ اسیہ روپسیہ   نیتم   درشن   کانکشہ

नाहं वेदैर् न तपसा, न दानेन न चेज्यया ।
शक्य एवंविधो द्रष्टुं, दृष्टवानसि मां यथा ॥११.५३॥

(53) ناہم ویدے نہ تپسا   نہ دانین نہ چہ اِجیہ
شکیہ ایوم ودِھو درشٹوم   درشٹہ وان اسی مام متّھا

भक्त्या त्व् अनन्यया शक्य, अहम् एवंविधोऽर्जुन ।
ज्ञातुं द्रष्टुं च तत्त्वेन, प्रवेष्टुं च परंतप ॥११.५४॥

(54) بھکتیہ توہ اننیا شکیہ   اہم ایوم وِدوھ ارجُنہ
گیاتم دُرشٹم چ تتوینہ   پرویشٹم چ پرم تیہ

मत्कर्मकृन् मत्परमो, मद्भक्तः सङ्गवर्जितः ।
निर्वैरः सर्वभूतेषु, यः स माम् एति पाण्डव ॥११.५५॥

(55) مت کرم کرِتہ مت پرمو   مت بھکتاہ سنگ ورجتہ
نر ویراہ سرو بھُو تیشو یہہ سا مام ایتی پانڈوا

ॐ तत्सदिति श्रीमद् भगवद्गीता

اوم تت ست اِتی شریمد بھگوت گیتا

सु उपनिषद सु भ्रम विद्यायाम योग शास्त्र

سُہ پنیہ شت سُو بھرم وِدھیایام یوگ شاستر ے

श्रीकृष्णअर्जुन संवादे विराट्रूपदर्शनयोगो नाम एकादशोऽध्यायः ॥

شری کرشن ارجُن سمواد ھے وِشوروپ درشن یوگو نام ایکا دشواد ھیایاہ

ॐ श्रीपरमात्मने नमः

اوم شری پرماتمنے نمہ

अर्जुन उवाच

एवं सततयुक्ता ये, भक्तास् त्वां पर्युपासते ।
ये चाप्य् अक्षरम् अव्यक्तं, तेषां के योगवित्तमाः ॥१२.१।

ارجُن اُواچ

(1) ایوم شتت یُکتا یے بھکتاہ توام پریُو پاستے
یے چہ اِپہ اکھشرم اویکتم تیشام کے یوگہ وِتمہ

श्रीभगवानुवाच

मय्य् आवेश्य मनो ये मां, नित्ययुक्ता उपासते ।
श्रद्धया परयोपेतास्, ते मे युक्ततमा मताः ॥१२.२॥

شری بھگوان اُواچ

(2) میہ آوشیہ منوے مام نتیہ یُکتہ اُپاستے
شردیا پریہ اُپیتاہ تے ے یکتہ تماہ متہ

ये त्व् अक्षरम् अनिर्देश्यम्, अव्यक्तं पर्युपासते ।
सर्वत्रगम् अचिन्त्यं च, कूटस्थम् अचलं ध्रुवम् ॥१२.३॥

(3) یے تو اکھشرم اِنر دیشم ایوکتم پریُو اُپاستے
سرو ترگم اچیتیم چہ کوٹستھم اَچلم دُروم

संनियम्येन्द्रियग्रामं, सर्वत्र समबुद्धयः ।
ते प्राप्नुवन्ति माम् एव, सर्वभूतहिते रताः ॥१२.४॥

(4) سنہ یمِّیے اِندریا گرام سروتر سمہ بُدھیہ

تے پرا پنُو ونتی مام ایوہ سرو بھُوتہ ہتے رتہ

क्लेशोऽधिकतरस् तेषाम्, अव्यक्तासक्तचेतसाम् ।
अव्यक्ता हि गतिर् दुःखं, देहवद्भिर् अवाप्यते ॥१२.५॥

(5) کلیشو اِدھکترہ تیشام اویکتہ اسکتہ چیتسام

اویکتا ہی گتِر دُکھم دیہہ ودبھِہر اواپتے

ये तु सर्वाणि कर्माणि, मयि संन्यस्य मत्पराः ।
अनन्येनैव योगेन, मां ध्यायन्त उपासते ॥१२.६॥

(6) یے تو سروانی کرمانی میہ سنیہ سہ مت پراہ

انہ ین نیوہ یوگینہ مام دھیاینتہ اُپاستے

तेषाम् अहं समुद्धर्ता, मृत्युसंसारसागरात् ।
भवामि नचिरात् पार्थ, मय्य् आवेशितचेतसाम् ॥१२.७॥

(7) تیشام اہم سمُدرتا مرتیو سنسار ساگرات

بھوامی نچہ رات پارتھ میہ آوے شت چیتسام

मय्येव मन आधत्स्व, मयि बुद्धिं निवेशय ।
निवसिष्यसि मय्येव, अत ऊर्ध्वं न संशयः ॥१२.८॥

(8) میہ ایو منہ آدِتسو میہ بُدھِم نوِیشیہ

نوہ سِش یسی میہ ایوہ اتہ اُردھوم نہ سنشیہ

अथ चित्तं समाधातुं, न शक्नोषि मयि स्थिरम् ।
अभ्यासयोगेन ततो, माम् इच्छाप्तुं धनंजय ॥१२.९॥

(9) اتھہ چتم سمادا تُوم نہ شکنوشی مئی سِتھرم

ابھیاسہ یوگینہ تتو مام اِچھیا پتُم دھنجیہ

अभ्यासेऽप्य् असमर्थोऽसि, मत्कर्मपरमो भव ।
मदर्थम् अपि कर्माणि, कुर्वन् सिद्धिम् अवाप्स्यसि ॥१२.१०॥

(10) ابھیاسے اپی اسمرتھوسی مت کرمہ پرموبھووہ
مدارتھم اپہ کرمانی کُرون سِدھم اواپسی

अथैतद् अप्य् अशक्तोऽसि, कर्तुं मद्योगम् आश्रितः ।
सर्वकर्मफलत्यागं, ततः कुरु यतात्मवान् ॥१२.११॥

(11) اتھئے تدابہ اشکتوسی کرتُم مدھیوگم آشرتہ
سرو کرمہ پھلہ تیاگم تتہہ کورو یتات موان

श्रेयो हि ज्ञानम् अभ्यासाज्, ज्ञानाद् ध्यानं विशिष्यते ।
ध्यानात् कर्मफलत्यागस्, त्यागाच् छान्तिर् अनन्तरम् ॥१२.१२॥

(12) شرے یوہہ گیانم ابھیاسات گیانات دھیانم وِشِشتے
دھیانات کرم پھلہ تیاگہ تیاگات شانتی انترم

अद्वेष्टा सर्वभूतानां, मैत्रः करुण एव च ।
निर्ममो निरहंकारः, समदुःखसुखः क्षमी ॥१२.१३॥

(13) ادہ ویشٹا سرو بھُوتانام میترہہ کرونا ایوچہ
نِرممو نراہم کارہ سم دُکھہ سُکھہ کھمی

संतुष्टः सततं योगी, यतात्मा दृढनिश्चयः ।
मय्य् अर्पितमनोबुद्धिर्, यो मद्भक्तः स मे प्रियः ॥१२.१४॥

(14) سن تُٹھہ ستتم یوگی یتاتمہ درڑھ نِشچیہ
میہ ار پِتہ منو بُدھی یومد بھکتہ سہ مے پریاہ

यस्मान् नोद्विजते लोको, लोकान् नोद्विजते च यः ।
हर्षामर्षभयोद्वेगैर्, मुक्तो यः स च मे प्रियः ॥१२.१५॥

(15) یسمات نو اُدوِجتے لوکو لوکات نو اُدوِجتے چہ یہ
ہرشامرش بھیودھ وِیگے مُکتو یہ سہ چے پریاہ

अनपेक्षः शुचिर् दक्ष, उदासीनो गतव्यथः ।
सर्वारम्भपरित्यागी, यो मद्भक्तः स मे प्रियः ॥१२.१६॥

(16) انہ پیکھشاہ شُچِہہ دکھہ اُدا سینو گتہ وِیتھا
سرو آرمبہ پرِتیاگی یومدبھکتہ سہ مے پریاہ

यो न हृष्यति न द्वेष्टि, न शोचति न काङ्क्षति ।
शुभाशुभपरित्यागी, भक्तिमान् यः स मे प्रियः ॥१२.१७॥

(17) یونہ ہر شِیتی نہ دُویشٹی نہ شوچتی نہ کانکھہ شتی
شبھا شبھہ پرِ تیاگی بھکت مان یاہ سہ مے پریاہ

समः शत्रौ च मित्रे च, तथा मानापमानयोः ।
शीतोष्णसुखदुःखेषु, समः सङ्गविवर्जितः ॥१२.१८॥

(18) سمہہ شترو چہ مترے چہ تتھا مانا پمان یو
شِیتو شنہ سُکھہ دُکھیو سمہ سنگ وِ ورِجتہ

तुल्यनिन्दास्तुतिर् मौनी, संतुष्टो येन केनचित् ।
अनिकेतः स्थिरमतिर्, भक्तिमान् मे प्रियो नरः ॥१२.१९॥

(19) تُلیہ ہِندا ستوتی مونی سم تُشٹوِینہ کین چِت
انے کیتہ سِتھرمتی بھکتی مان مے پریو نراہ

ये तु धर्म्यामृतम् इदं, यथोक्तं पर्युपासते ।
श्रद्दधाना मत्परमा, भक्तास् तेऽतीव मे प्रियाः ॥१२.२०॥

(20) یے تو دھرمیا مرتم اِدم یتھوکتم پُریہ اُپاستے
شردھہ داھنہ مت پرما بھکتاسے اتیوہ مے پریاہ

ॐ तत्सदिति श्रीमद् भगवद्गीता

اوم تت ست اتی شریمد بھگوت گیتا

सु उपनिषद सु भ्रम विद्यायाम योग शास्त्र

سُہ پنیہ شت سُو بھرم وِدھیایام یوگ شاستر ے

श्रीकृष्ण अर्जुन संवादे भक्तियोगो नाम द्वादशोऽध्यायः ॥

شری کرشن ارجُن سمواد ے بھکتی یوگو نام دُوادش ادھیایاہ

ॐ श्रीपरमात्मने नमः

اوم شری پرماتمنے نمہ

अर्जुन उवाच
प्रकृतिं पुरुषं चैव क्षेत्रं क्षेत्रज्ञमेव च ।
एतद्वेदितुमिच्छमि ज्ञानं ज्ञेयं च केशव ॥

ارجُن اُواچ

پرکرتَم پورشم چیو کھیترم کھیتر گیم ایوچہ

اِتت ویدتُم اِچھیامی گیانم گیم چہ کیشوہ

श्रीभगवानुवाच
इदं शरीरं कौन्तेय, क्षेत्रम् इत्य् अभिधीयते ।
एतद् यो वेत्ति तं प्राहुः, क्षेत्रज्ञ इति तद्विदः ॥१३.१॥

شری بھگوان اُواچ

(1) ایدم شریرم کونتیہ کھیترم اِتہ اِبھی دی یتے

اِتت یوویتی تم پراہو کھیترگیہ اِتہ تتودواہ

क्षेत्रज्ञं चापि मां विद्धि, सर्वक्षेत्रेषु भारत ।
क्षेत्रक्षेत्रज्ञयोर् ज्ञानं, यत् तज् ज्ञानं मतं मम ॥१३.२॥

(2) کھیترگیم چاپہ مام وِدھی سرو کھیتر یشو بھارتہ

کھیتر کھیتر گیو گیانم یت تت گیانم متم ممہ

तत् क्षेत्रं यच् च यादृक् च, यद्विकारि यतश्च यत् ।
स च यो यत्प्रभावश्च, तत् समासेन मे शृणु ॥१३.३॥

(3)   تتہ کھیترم یت چہ یادرِکہ   یدھ وِکاری یتہ چہ یت

سہ چہ یو یت پرھاوس چہ   تت سماسین ے شرنو

ऋषिभिर् बहुधा गीतं, छन्दोभिर् विविधैः पृथक् ।
ब्रह्मसूत्रपदैश्चैव, हेतुमद्भिर् विनिश्चितैः ॥१३.४॥

(4)   ریشبھ بہو دا   گیتم   چھندوبھی وودھِیہ پرتھک

برہمہ سوتر پدے چئے و   ہیتو مد بھر وِنچتے

महाभूतान्य् अहंकारो, बुद्धिर् अव्यक्तम् एव च ।
इन्द्रियाणि दशैकं च, पञ्च चेन्द्रियगोचराः ॥१३.५॥

(5)   مہا   بھوتان   اہنکارو   بدھی   اویکتم   ایوچہ

اِندریانی دشئے ایکم چہ   پنچ چہ اِندریہ گوچراہ

इच्छा द्वेषः सुखं दुःखं, संघातश्चेतना धृतिः ।
एतत् क्षेत्रं समासेन, सविकारम् उदाहृतम् ॥१३.६॥

(6)   اِچھیا دویشہ شُکھم دُکھم   سنگات   چیتنا   دھرتی

ایتت   کھیترم   سماسینہ   سوِیکارم   اُدھاہرتم

अमानित्वम् अदम्भित्वम्, अहिंसा क्षान्तिर् आर्जवम् ।
आचार्योपासनं शौचं, स्थैर्यम् आत्मविनिग्रहः ॥१३.७॥

(7)   امانِ توم ادھم بھِتوم   اہِنسا کھیانتہ   آرجوم

آچاریو پاسنم شوچم   ستھیریم آتمہ وِنی گرہ

इन्द्रियार्थेषु वैराग्यम्, अनहंकार एव च ।
जन्ममृत्युजराव्याधि-दुःखदोषानुदर्शनम् ॥१३.८॥

(8)   اِندریار تھیشُو ویرایگم انہ ہم کار ایوچہ

جنم مرتیو جرا ویادھی دُکھ دو شانو درشنم

असक्तिर् अनभिष्वङ्गः, पुत्रदारगृहादिषु ।
नित्यं च समचित्तत्वम्, इष्टानिष्टोपपत्तिषु ॥१३.९॥

(9) اسکتی انہ بھیش ونگ پُتردار گرہا دِشو

نیتم چہ سمہ چہ تتوم اِشٹہ نِشٹوپ پتیشُو

मयि चानन्ययोगेन, भक्तिर् अव्यभिचारिणी ।
विविक्तदेशासेवित्वम्, अरतिर् जनसंसदि ॥१३.१०॥

(10) مییہ چہ اننیہ یوگینہ بھکتہ اوِیابھہ چارنی

وِوِکتہ دیشہ سیوی توم ارِتہ جن سم سدی

अध्यात्मज्ञाननित्यत्वं, तत्त्वज्ञानार्थदर्शनम् ।
एतज् ज्ञानम् इति प्रोक्तम्, अज्ञानं यद् अतोऽन्यथा ॥१३.११॥

(11) ادھیاتمہ گیانہ نتیہ توم تتو گیانا ارتھہ درشنم

ایتت گیانم اِت پروکتم اگیانم یت اتہہ اینتھا

ज्ञेयं यत् तत् प्रवक्ष्यामि, यज् ज्ञात्वाऽमृतम् अश्नुते ।
अनादिमत् परं ब्रह्म, न सत् तन् नासद् उच्यते ॥१३.१२॥

(12) گیم یت تت پروکشیامی یت گیاتوا مرتم اشنوتے

انا دِمت پرم برہمہ نہ ست تت نہ است اُچتے

सर्वतःपाणिपादं तत्, सर्वतोऽक्षिशिरोमुखम् ।
सर्वतःश्रुतिमल् लोके, सर्वम् आवृत्य तिष्ठति ॥१३.१३॥

(13) سرو تہ پانِ پادم تت سرو تو کھشی شِرو مُکھم

سروتہ شروت مت لوکے سروم آورتیہ تِش ٹھتی

सर्वेन्द्रियगुणाभासं, सर्वेन्द्रियविवर्जितम् ।
असक्तं सर्वभृच् चैव, निर्गुणं गुणभोक्तृ च ॥१३.१४॥

(14) سروے اِندریاگئاہ باسم سِروے اِیندریہ وِورِجتم

اسکتم سرو بھِرت چئے و نِرگنم گُنا بھوکتر چہ

बहिर् अन्तश्च भूतानाम्, अचरं चरम् एव च ।
सूक्ष्मत्वात् तद् अविज्ञेयं, दूरस्थं चान्तिके च तत् ॥१३.१५॥

(15) بِہیِہ اِنتس چہ بھُوتانام اَچرم چرم ایوُ چہ
سوکھشم توات تت آوی گیِم دُرستھُم چہ نتِہ کے چہ تت

अविभक्तं च भूतेषु, विभक्तम् इव च स्थितम् ।
भूतभर्तृ च तज् ज्ञेयं, ग्रसिष्णु प्रभविष्णु च ॥१३.१६॥

(16) اوِی بھکتم چہ بھوتیشو وِبھکتم ایوہ چہ ستِھتم
بھُوتہ بھرترچہ تت یگیم گرِسشنُو پربھہ وِشنو چہ

ज्योतिषाम् अपि तज् ज्योतिस्, तमसः परम् उच्यते ।
ज्ञानं ज्ञेयं ज्ञानगम्यं, हृदि सर्वस्य विष्ठितम् ॥१३.१७॥

(17) جیوتہ شام اپہ تت جیوتِہ تمسہہ پرم اُچتے
گیانم گیِم گیان گمیم ہردی سروسیہ وِشٹھتم

इति क्षेत्रं तथा ज्ञानं, ज्ञेयं चोक्तं समासतः ।
मद्भक्त एतद् विज्ञाय, मद्भावायोपपद्यते ॥१३.१८॥

(18) اِتہ کھیترم تتھا گیانم گیِم چوکتم سماستہ
مد بھکتہ ایتت وگیایہ مت بھاوایہ اُپہ پدتے

प्रकृतिं पुरुषं चैव, विद्ध्यु अनादी उभाव् अपि ।
विकारांश्च गुणांश्चैव, विद्धि प्रकृतिसंभवान् ॥१३.१९॥

(19) پرکرِتم پُورشم چِے و ودھیہ انادھی اُبھاو پی
وِکارانچہ گنُان چِے و ودِھی پرکرتی سمبھہ وان

कार्यकरणकर्तृत्वे, हेतुः प्रकृतिर् उच्यते ।
पुरुषः सुखदुःखानां, भोक्तृत्वे हेतुर् उच्यते ॥१३.२०॥

(20) کاریہ کرنہ کرترتوِیہ ہیتُو پرکرِتہ اُچتے
پُروشہ سُکھہ دُکھانام بھوکترتوِیہ ہے تُورُچتے

पुरुषः प्रकृतिस्थो हि, भुङ्क्ते प्रकृतिजान् गुणान् ।
कारणं गुण सङ्गोऽस्य, सदसद्योनिजन्मसु ॥१३.२१॥

(21) پُرشاہ پرکر تستھوہی بھُنکتے پرکرتی جان گنان
کارنم گنہ سنگوسیہ سد سدیونی جنم سُو

उपद्रष्टानुमन्ता च, भर्ता भोक्ता महेश्वरः ।
परमात्मेति चाप्य् उक्तो, देहेऽस्मिन् पुरुषः परः ॥१३.२२॥

(22) اُپدرشٹھا انُمنتہ چہ بھرتا بھوکتہ مہیشورا
پرماتما اِتہ چہ اپے اُکتہ دیہے اسمن پورشہ پراہ

य एवं वेत्ति पुरुषं, प्रकृतिं च गुणैः सह ।
सर्वथा वर्तमानोऽपि, न स भूयोऽभिजायते ॥१३.२३॥

(23) یہ ایوم ویتی پُورشم پرکرتم چہ گنُئے سہہ
سروتھا ورتمانو اِپی نہ سہ بھویوا بھجایتے

ध्यानेनात्मनि पश्यन्ति, केचिद् आत्मानमात्मना ।
अन्ये सांख्येन योगेन, कर्मयोगेन चापरे ॥१३.२४॥

(24) دھیانینِ آتمنہ پشنتی کیچت آتمانم آتمناہ
انے سانکھین یوگینہ کرم یوگینہ چاپرے

अन्ये त्व् एवम् अजानन्तः, श्रुत्वान्येभ्य उपासते ।
तेऽपि चातितरन्त्य् एव, मृत्युं श्रुतिपरायणाः ॥१३.२५॥

(25) انِئے تو ایوم اجانن تہ شروتوا انیبھیہ اُپاستے
تے اِپہ چہ اِتہ ترنتہ ایو مریتوم شروتی پراینہ

यावत् संजायते किंचित्, सत्त्वं स्थावरजङ्गमम् ।
क्षेत्रक्षेत्रज्ञसंयोगात्, तद् विद्धि भरतर्षभ ॥१३.२६॥

(26) یاوت سنجایتے کِنچت ستوم سٿاور جنگم
کھیتر کھیترگ سن یوگات تد ودھی بھرترشبھہ

समं सर्वेषु भूतेषु, तिष्ठन्तं परमेश्वरम् ।
विनश्यत्स्व् अविनश्यन्तं, यः पश्यति स पश्यति ॥१३.२७॥

(27) سم سرویشو بھوتیشو تِشٹھنتم پر میشورم
وِنئے شه یت سو اِونہ شنتم یاہ پشیتی سہ پشہ یِتے

समं पश्यन् हि सर्वत्र, समवस्थितम् ईश्वरम् ।
न हिनस्त्य् आत्मनात्मानं, ततो याति परां गतिम् ॥१३.२८॥

(28) سم پشین ہہ سروترہ سم آوستھتم ایشورم
نہ ہِنہ ستیہ آتمنا آتمانم تتو یاتی پرام گتم

प्रकृत्यैव च कर्माणि, क्रियमाणानि सर्वशः ।
यः पश्यति तथात्मानम्, अकर्तारं स पश्यति ॥१३.२९॥

(29) پرک تیوہ چہ کرمانی کِریہ مانانی سروشہ
یہ پشیِت تتھا آتمنانم اکرتارم سہ پشِتے

यदा भूतपृथग्भावम्, एकस्थम् अनुपश्यति ।
तत एव च विस्तारं, ब्रह्म संपद्यते तदा ॥१३.३०॥

(30) یدا بھُوتہ پرتھگ بھاوم اِکستھم انو پشیتی
تتھہ ایوچہ وِستارم برہمہ سمپدتے تدا

अनादित्वान् निर्गुणत्वात्, परमात्मायम् अव्ययः ।
शरीरस्थोऽपि कौन्तेय, न करोति न लिप्यते ॥१३.३१॥

(31) انادِ توات نِرگن توات پرماتما ایم آویسیہ
شریرس تھو اِپہ کونتیہ نہ کرُوتہ نہ لِپ یِتے

यथा सर्वगतं सौक्ष्म्याद्, आकाशं नोपलिप्यते ।
सर्वत्रावस्थितो देहे, तथात्मा नोपलिप्यते ॥१३.३२॥

(32) یتھا سرو گتم سوکھشمیاد آکاشم نہ اُپ لِپ یِتے
سروتر اوِستھتو دیہے تتھا آتمہ نہ اُپ لِپ یِتے

यथा प्रकाशयत्य् एकः, कृत्स्नं लोकम् इमं रविः ।
क्षेत्रं क्षेत्री तथा कृत्स्नं, प्रकाशयति भारत ॥१३.३३॥

(33) یتھا پرکاش یتے ایکاہ   کرتسنم لوکم اِم روی
کھیترم کھیتری تتھا کرتسنم پرکاشہ یتی بھارتہ

क्षेत्रक्षेत्रज्ञयोर् एवम्, अन्तरं ज्ञानचक्षुषा ।
भूतप्रकृतिमोक्षं च, ये विदुर् यान्ति ते परम् ॥१३.३४॥

(34) کھیتر کھیتر گیو ایوم انترم گیانہ چکھشوشا
بھُوتہ پرکرتی موکھشم چہ یۓ وِدُریانتی تے پرم

ॐ तत्सदिति श्रीमद् भगवद्गीता
اوم تت ست اِتی شریمد بھگوت گیتا

सु उपनिषद सु भ्रम विद्यायाम योग शास्त्र
سُہ پنیہ شت سُوبھرم وِدھیایام یوگ شاسترے

श्रीकृष्ण अर्जुन संवादे क्षेत्रक्षेत्रज्ञविभागयोगो नाम त्रयोदशोऽध्यायः ॥
شری کرشن ارجُن سمواد ے کھیتر کھیترگ وِبھاگ یوگونام تریودش ادھیایاہ

ॐ श्रीपरमात्मने नमः

اوم شری پرماتمنے نمہ

श्रीभगवानुवाच
परं भूयः प्रवक्ष्यामि, ज्ञानानां ज्ञानम् उत्तमम् ।
यज् ज्ञात्वा मुनयः सर्वे, परां सिद्धिम् इतो गताः ॥१४.१॥

شری بھگوان اُواچ

(1) پرم بھُویہ پروکھیشامی   گیانا نام گیانم اُتم

یت گیاتوا مُنیہ سروے   پرام سِدھم اِتو گتاہ

इदं ज्ञानम् उपाश्रित्य, मम साधर्म्यम् आगताः ।
सर्गेऽपि नोपजायन्ते, प्रलये न व्यथन्ति च ॥१४.२॥

(2) ایدم گیانم اُپہ شرتئے   ممہ سادھرمیم ما آگتاہ

سرگے اپہ نو اُپجاینتے پرلیہ نہ وِتھنتی چہ

मम योनिर् महद् ब्रह्म, तस्मिन् गर्भ दधाम्य् अहम् ।
संभवः सर्वभूतानां, ततो भवति भारत ॥१४.३॥

(3) ممہ یون مہت برہمہ   تسمِن گربھم ددھامِہ اہم

سمبھہ واہ سربھُوتانام   تتو بھوتہ بھارتہ

सर्वयोनिषु कौन्तेय, मूर्तयः संभवन्ति याः ।
तासां ब्रह्म महद् योनिर्, अहं बीजप्रदः पिता ॥१४.४॥

(4) سرو یونیشو کونتیہ مورتیہ سمبھونتہ یاہ
تاسام برہمہ مہت یونِہ اہم بیج پردہ پتا

सत्त्वं रजस् तम इति, गुणाः प्रकृतिसंभवाः ।
निबध्नन्ति महाबाहो, देहे देहिनम् अव्ययम् ॥१४.५॥

(5) ستوم رجس تم اِتہ گنُاہ پرِکرتہ سم بھواہ
نبھدنتی مہا باہو دیہے دیہنم اُوے یم

तत्र सत्त्वं निर्मलत्वात्, प्रकाशकम् अनामयम् ।
सुखसङ्गेन बध्नाति, ज्ञानसङ्गेन चानघ ॥१४.६॥

(6) تتر ستوم نِرمل تووات پرکا شکم انا میم
شکھہ سنگینہ بدناتی گیانہ سنگین چ انگہ

रजो रागात्मकं विद्धि, तृष्णासङ्गसमुद्भवम् ।
तन् निबध्नाति कौन्तेय, कर्मसङ्गेन देहिनम् ॥१४.७॥

(7) رجو راگات مکم وِدھی ترشناسنگہ سم اُدھہ بھوم
تت نِبدھناتہ کونتیہ کرم سنگینہ دیہنم

तमस् त्व् अज्ञानजं विद्धि, मोहनं सर्वदेहिनाम् ।
प्रमादालस्यनिद्राभिस्, तन् निबध्नाति भारत ॥१४.८॥

(8) تمس تو اگیانجم وِدھی موہنم سرو دیہی نام
پرما دالسیہ نِدرابھی تت نبھ دناتہ بھارتہ

सत्त्वं सुखे सञ्जयति, रजः कर्मणि भारत ।
ज्ञानम् आवृत्य तु तमः, प्रमादे सञ्जयत्य् उत ॥१४.९॥

(9) ستوم سُکھے سن جیتی رجاہ کرمنی بھارتہ
گیانم آورِیتہ تو تمہ پرمادے سنجیتے اُتہ

रजस् तमश् चाभिभूय, सत्त्वं भवति भारत ।
रजः सत्त्वं तमश्चैव, तमः सत्त्वं रजस् तथा ॥१४.१०॥

(10) رجس تمس چ ابھیبھو یہ ستوم بھوِتہ بھارتہ
رجہ ستوم تم چئے ایو تماہ ستوم رجس تتھا

सर्वद्वारेषु देहेऽस्मिन्, प्रकाश उपजायते ।
ज्ञानं यदा तदा विद्यात्, विवृद्धं सत्त्वम् इत्य् उत ॥१४.११॥

(11) سرودوا ریشُو دیہے اسمِن پرکاشہ اُپجا یتے
گیانم یدا تدا ودیاتہ وِوردھم ستوم اِتی اُتہ

लोभः प्रवृत्तिर् आरम्भः, कर्मणाम् अशमः स्पृहा ।
रजस्य् एतानि जायन्ते, विवृद्धे भरतर्षभ ॥१४.१२॥

(12) لوبھا پروتر آرمبہ کرم نام اشمہ سپرہہ
رجس سئی ایتانِ جاینتے وِوردھے بھرتر شبھہ

अप्रकाशोऽप्रवृत्तिश्च, प्रमादो मोह एव च ।
तमस्य् एतानि जायन्ते, विवृद्धे कुरुनन्दन ॥१४.१३॥

(13) اپرکاشو اپرورتس چ پر مادو موہہ ایوچہ
تمِسہ ایتانِہ جاینتے وِوردھے کورو نندنہ

यदा सत्त्वे प्रवृद्धे तु, प्रलयं याति देहभृत् ।
तदोत्तमविदां लोकान्, अमलान् प्रतिपद्यते ॥१४.१४॥

(14) یدا ستوے پرودھے تو پریلیم یاتہ دیہہ بھرت
تدا اُتم وِداھم لوکان املان پرِتہ پدیتے

रजसि प्रलयं गत्वा, कर्मसङ्गिषु जायते ।
तथा प्रलीनस् तमसि, मूढयोनिषु जायते ॥१४.१५॥

(15) رجسیہ پریلیم گتوا کرم سنگیشو جایتے
تتھا پریلین تمسی مُوڑیو نیشو جایتے

117

कर्मणः सुकृतस्याहुः, सात्त्विकं निर्मलं फलम् ।
रजसस् तु फलं दुःखम्, अज्ञानं तमसः फलम् ॥१४.१६॥

(16) کرمناہ سُکرتسیا آہو ساتوکم نرملم پھلم
رجس تُو پھلم دُکھم اگیانم تمسہ پھلم

सत्त्वात् सञ्जायते ज्ञानं, रजसो लोभ एव च ।
प्रमादमोहौ तमसो, भवतोऽज्ञानम् एव च ॥१४.१७॥

(17) ستوات سن جایتے گیانم رجسو لوبھہ ایوچہ
پرمادہ موہو تمسو بھوتوہ اگیانم ایوچہ

ऊर्ध्वं गच्छन्ति सत्त्वस्था, मध्ये तिष्ठन्ति राजसाः ।
जघन्यगुणवृत्तिस्था, अधो गच्छन्ति तामसाः ॥१४.१८॥

(18) اُردھوم گچھنتہ ستوستھا مدھے تِشٹھنتی راجساہ
جگھنیہ گنا ورتستھا ادھو گچھنتی تامساہ

नान्यं गुणेभ्यः कर्तारं, यदा द्रष्टानुपश्यति ।
गुणेभ्यश्च परं वेत्ति, मद्भावं सोऽधिगच्छति ॥१४.१९॥

(19) نہ اینم گُنے بھیہہ کرتارم یدا درشٹا انو پشیتی
گُنے بھیہہ چ پرم ویتی مدبھاوم سو ادھگچھتی

गुणान् एतान् अतीत्य त्रीन्, देही देहसमुद्भवान् ।
जन्ममृत्युजरादुःखैर्, विमुक्तोऽमृतम् अश्नुते ॥१४.२०॥

(20) گنان ایتان اتیتہ ترین دیہی دیہہ سمُدبھوان
جنم مرتیو جرا دُکھے وِمکتو امرتم اشنُتے

अर्जुन उवाच

कैर् लिङ्गैस् त्रीन् गुणान् एतान्, अतीतो भवति प्रभो ।
किमाचारः कथं चैतांस्, त्रीन् गुणान् अतिवर्तते ॥१४.२१॥

ارجن اُواچ

(21) کئے لنگئے ترين گنُان ايتان   ايتو   بھوتی   پربھو
کماچاره کٿم چئے ايتان   ترين گنُان اِتہ ورتتے

श्रीभगवानुवाच

प्रकाशां च प्रवृत्तिं च, मोहम् एव च पाण्डव ।
न द्वेष्टि संप्रवृत्तानि, न निवृत्तानि काङ्क्षति ॥१४.२२॥

شری بھگوان اُواچ

(22) پرکاشم چہ   پرورِتم چہ   موہم ايوہ چہ پانڈوہ
نہ دويشٹی سمہ پرورِتانی   نہ نِورتانی کانکھيٿی

उदासीनवद् आसीनो, गुणैर् यो न विचाल्यते ।
गुणा वर्तन्त इत्य् एव, योऽवतिष्ठति नेङ्गते ॥१४.२३॥

(23) اُداسين ود   اسينُو   گينُر يانہ وچاليٿی
گنُاورتنے اِتی   ايوہ   ياه او ٿشٹسی نہ انگتے

समदुःखसुखः स्वस्थः, समलोष्टाश्मकाञ्चनः ।
तुल्यप्रियाप्रियो धीरस्, तुल्यनिन्दात्मसंस्तुतिः ॥१४.२४॥

(24) سمہ دُکھ سُکھہ سوستھہ سمہ لوشٹاسم کانچنہ
تُلّيہ پريہ اپريو دھيرس تُلّيہ نندآتم سنس توٿہ

मानापमानयोस् तुल्यस्, तुल्यो मित्रारिपक्षयोः ।
सर्वारम्भपरित्यागी, गुणातीतः स उच्यते ॥१४.२५॥

(25) مان اپمانيوس تُلّيہ   تُلّيو   مترا ارِپکھشيوہ
سروا رمبہ پرتياگی   گُناتيتاہ سہ اُچتے

मां च योऽव्यभिचारेण, भक्तियोगेन सेवते ।
स गुणान् समतीत्यैतान्, ब्रह्मभूयाय कल्पते ॥१४.२६॥

(26) مام چہ یو اوبھہ چارینہ   بھکتی یوگین سیوتے
سہ گُنان سمتی تیہ ایتان   برہم بھویایہ کلپتے

ब्रह्मणो हि प्रतिष्ठाहम्, अमृतस्याव्ययस्य च ।
शाश्वतस्य च धर्मस्य, सुखस्यैकान्तिकस्य च ॥१४.२७॥

(27) برہمنو ہی پرتشٹھا اہم   امرتسیہ اویوسیہ چہ
شاشو تسیہ چہ دھرمسیہ   سُکھسیہ ایکانت کشیہ چہ

ॐ तत्सदिति श्रीमद् भगवद्गीता
اوم تت ست اِتی شریمد بھگوت گیتا

सु उपनिषद सु भ्रम विद्यायाम योग शास्त्र
سُہ پنیہ شت سُو بھرم وِدھیایام یوگ شاسترے

श्रीकृष्ण अर्जुन संवादे गुणत्रयविभागयोगो नाम चतुर्दशोऽध्यायः ॥
شری کرشن ارجُن سمواد ے گن ترے وِبھاگ یوگو نام چترُ دش ادھیایاہ

ॐ श्रीपरमात्मने नमः

اوم شری پرماتمنے نمہ

श्रीभगवानुवाच
ऊर्ध्वमूलम् अधःशाखम्, अश्वत्थं प्राहुर् अव्ययम् ।
छन्दांसि यस्य पर्णानि, यस् तं वेद स वेदवित् ॥१५.१॥

شری بھگوان اُواچ

(1) اُردھو مُولم اَدہ شاکھم   اشوتھم پراہو   اوّیم
چھن دانسی یسیہ پرنانی یس تم ویدسہ ویدوت

अधश्चोर्ध्वं प्रसृतास् तस्य शाखा, गुणप्रवृद्धा विषयप्रवालाः।
अधश्च मूलान्य् अनुसंततानि, कर्मानुबन्धीनि मनुष्यलोके ॥१५.२॥

(2) ادھشچواُردھوم پرستر تاہ تسیہ شاکھا   گئہ پروردا وشیہ پروالہ
ادھشہ مولانی انو سمہ بِتانی   کرمانو بندھی نی مُنشیہ لوکے

न रूपम् अस्येह तथोपलभ्यते, नान्तो न चादिर् न च संप्रतिष्ठा ।
अश्वत्थम् एनं सुविरूढमूलम्, असङ्गशस्त्रेण दृढेन छित्त्वा ॥१५.३॥

(3) نہ رُوپم اسیہ اِہہ تتھا اُپہ لبھیتے   نانتو نہ چا آدہ نہ چہ سم پرتِشٹھا
اشوتھم اِنم سُہ وِرُوڈھ مُولم   اسنگ شستر ینہ دھرڈینہ چھِتوا

ततः पदं तत् परिमार्गितव्यं, यस्मिन् गता न निवर्तन्ति भूयः ।
तम् एव चाद्यं पुरुषं प्रपद्ये, यतः प्रवृत्तिः प्रसृता पुराणी ॥१५.४॥

(4) تتہ پدم تت پر مارگ تویم   یاسمن گتانہ نروتنتی بھُوبہ
تومیو چادیم پُورشم پرپہ دیہ   یتاہ پرورتی پرسرتا پُرانی

निर्मानमोहा जितसङ्गदोषा, अध्यात्मनित्या विनिवृत्तकामाः ।
द्वन्द्वैर् विमुक्ताः सुखदुःखसंज्ञैर्, गच्छन्त्य् अमूढाः पदम् अव्ययं तत् ॥१५.५॥

(5) نرمانہ موہا جیتہ سنگھہ دوشا   ادھیاتم نہ تیاونِ ورتہ کاما
دوندھ وِمُکتا سُکھہ دُکھہ سنگئے   گچھنتی موڑا پدم اویم تت

न तद् भासयते सूर्यो, न शशाङ्को न पावकः ।
यद् गत्वा न निवर्तन्ते, तद् धाम परमं मम ॥१५.६॥

(6) نہ تت بھاسیتے سُوریو نہ ششانکو نہ پاوکہ
یت گتواہ نہ نِورتنتے تت داھمہ پرم ممہ

ममैवांशो जीवलोके, जीवभूतः सनातनः ।
मनःषष्ठानीन्द्रियाणि, प्रकृतिस्थानि कर्षति ॥१५.७॥

(7) ممہ ایوا نشو جیولوکے جیو بھوتہ ساناتنہ
منہ ششٹھانی اِندریان پرکر تِستھانی کرشتی

शरीरं यद् अवाप्नोति, यच् चाप्य् उत्क्रामतीश्वरः ।
गृहीत्वैतानि संयाति, वायुर् गन्धान् इवाशयात् ॥१५.८॥

(8) شریرم یت اواپنوتی یت چ اپیہ اُتہ کرماتی ایشورا
گرہی توا ایتانِ سنیاتی وایو گندان ایوہ آشیات

श्रोत्रं चक्षुः स्पर्शनं च, रसनं घ्राणम् एव च ।
अधिष्ठाय मनश्चायं, विषयान् उपसेवते ॥१५.९॥

(9) کھیو ترم چکھشو سپرشنم چ رسنم گرانہ ے وچہ
ادِششٹھا یہ منشچایم وِشیان اُپہ سیوتے

उत्क्रामन्तं स्थितं वापि, भुञ्जानं वा गुणान्वितम् ।
विमूढा नानुपश्यन्ति, पश्यन्ति ज्ञानचक्षुषः ॥१५.१०॥

(10) اُتکرامنتم سِتھتم واپی بھُنجانم واگُنان وِتم
ومُوڑا نانُوپشینتی پشینتی گیانہ چکھشوشہ

यतन्तो योगिनश्चैनं, पश्यन्त्य् आत्मन्य् अवस्थितम् ।
यतन्तोऽप्य् अकृतात्मानो, नैनं पश्यन्त्य् अचेतसः ॥१५.११॥

(11) یتنتو یوگین چ اینم پشتیہ آتمنی اوسِتھتم
یتنتو اپہ اکرت آتمنہ نینم پشتیہ اچ تسہ

यद् आदित्यगतं तेजो, जगद् भासयतेऽखिलम् ।
यच् चन्द्रमसि यच् चाग्नौ, तत् तेजो विद्धि मामकम् ॥१५.१२॥

(12) یت اِدتیہ گتم تیجو جگت بھاسیتے اکھِلم
یت چندرمسی یت چہ اگنو تت تیجہ وِدھی مام کم

गाम् आविश्य च भूतानि, धारयाम्य् अहम् ओजसा ।
पुष्णामि चौषधीः सर्वाः, सोमो भूत्वा रसात्मकः ॥१५.१३॥

(13) گامہ آوشیہ چہ بھُوتانی دھاری یامیہ اہم اوجسا
پُشامی چہ اوشدھی سرواہ سومہ بھوتوا رسا تمکہ

अहं वैश्वानरो भूत्वा, प्राणिनां देहम् आश्रितः ।
प्राणापानसमायुक्तः, पचाम्य् अन्नं चतुर्विधम् ॥१५.१४॥

(14) اہم ویشوا نرہ بھوتوا پران نام دیہم آشرتہ
پرانا اپانہ سمایکتہ پچامہ انّم چترِودھم

सर्वस्य चाहं हृदि संनिविष्टो मत्तः स्मृतिर् ज्ञानम् अपोहनं च ।
वेदैश्च सर्वैर् अहम् एव वेद्यो वेदान्तकृद् वेदविद् एव चाहम् ॥१५.१५॥

(15) سروسیہ چا ہم ہردی سن وِشٹو متہ سمرتر گیانم اپوہنم چہ
ویدشِچہ سروئے اہم ایوہ وید ویدانتہ کرت ویدوِت ایوہ چاہم

123

द्वाव् इमौ पुरुषौ लोके, क्षरश्चाक्षर एव च ।
क्षरः सर्वाणि भूतानि, कूटस्थोऽक्षर उच्यते ॥१५.१६॥

(16) دُواو اِمو پُرشو لوکے   کھراہ چ اکھرہ ایوچہ
کھیراہ سروانہ بھُوتانی   کوٹستھۂ اکھرہ اُتے

उत्तमः पुरुषस् तु अन्यः, परमात्मेत्य् उदाहृतः ।
यो लोकत्रयम् आविश्य, बिभर्त्य् अव्यय ईश्वरः ॥१५.१७॥

(17) اُتمہ پُرش تو انیہ   پرماتم اِتے اُدھاہرتہ
یولوکہ تریم آوشیہ   بھِبھرتہ اوییہ ایشوراہ

यस्मात् क्षरम् अतीतोऽहम्, अक्षराद् अपि चोत्तमः ।
अतोऽस्मि लोके वेदे च, प्रथितः पुरुषोत्तमः ॥१५.१८॥

(18) یسمات کھرم اتیتو اہم   اکھرآت اپ چ اُتمہ
اتواسمہ لوکے ویدے چ   پرتھِتہ پُر شو تمہ

यो माम् एवम् असंमूढो, जानाति पुरुषोत्तमम् ।
स सर्वविद् भजति मां, सर्वभावेन भारत ॥१५.१९॥

(19) یومام ایوم   اَسمودھہ جاناتی پُر شو تم
سہ سرووِت بھجتی مام   سروہ بھاوینہ بھارتہ

इति गुह्यतमं शास्त्रम्, इदम् उक्तं मयाऽनघ ।
एतद् बुद्ध्वा बुद्धिमान् स्यात्, कृतकृत्यश्च भारत ॥१५.२०॥

(20) اِتہ گُہتہ مم شاسترم   اِدم اُکتم میانگہ
ایتت بودھوابُدھمان سیات   کرتہ کرتشچہ بھارتہ

ॐ तत्सदिति श्रीमद् भगवद्गीता

اوم تت ست اِتی شریمد بھگوت گیتا

सु उपनिषद सु भ्रम विद्यायाम योग शास्त्र

سُہ پنیہ شت سُو بھرم وِدھیا یام یوگ شاستر ے

श्रीकृष्ण अर्जुन संवादे पुरुषोत्तमयोगो नाम पञ्चदशोऽध्यायः ॥

شری کرشن ارجُن سمواد ے پرشوتم یوگو نام پنچ دش ادھیایاہ

ॐ श्रीपरमात्मने नमः

श्रीभगवानुवाच
अभयं सत्त्वसंशुद्धिर्, ज्ञानयोगव्यवस्थितिः ।
दानं दमश्च यज्ञश्च, स्वाध्यायस् तप आर्जवम् ॥१६.१॥

अहिंसा सत्यम् अक्रोधस्, त्यागः शान्तिर् अपैशुनम् ।
दया भूतेष्व् अलोलुप्त्वं, मार्दवं ह्रीर् अचापलम् ॥१६.२॥

तेजः क्षमा धृतिः शौचम्, अद्रोहो नातिमानिता ।
भवन्ति संपदं दैवीम्, अभिजातस्य भारत ॥१६.३॥

दम्भो दर्पोऽभिमानश्च, क्रोधः पारुष्यम् एव च ।
अज्ञानं चाभिजातस्य, पार्थ संपदम् आसुरीम् ॥१६.४॥

(4) دھمبو درپو ابھ مانس چہ   کرودھہ پاروشم ایوچہ
اگیانم   چہ   ابھجاتسیہ   پارتھ   سمپدم   آسُریم

देवी संपद् विमोक्षाय, निबन्धायासुरी मता ।
मा शुचः संपदं दैवीम्, अभिजातोऽसि पाण्डव ॥१६.५॥

(5) دیوی سمپت ومِوکشایہ   نبھندایا آسُوری متہ
ماشُچہ   سمپدم   دَیوِیم   ابھجاتہ   اسی   پانڈوہ

द्वौ भूतसर्गौ लोकेऽस्मिन्, दैव आसुर एव च ।
दैवो विस्तरशः प्रोक्त, आसुरं पार्थ मे शृणु ॥१६.६॥

(6) دُووِبھُوتہ سرگولوکے اسِمن   دیوہ آسُرہ ایوُچہ
دَیوو   وِسترشہ   پروکتہ   آسُرم پارتھ ے شِرنو

प्रवृत्तिं च निवृत्तिं च, जना न विदुर् आसुराः ।
न शौचं नापि चाचारो, न सत्यं तेषु विद्यते ॥१६.७॥

(7) پرورِتم چہ نِورتم چہ   جناہ نہ وِدُ آسُراہ
نہ شوُچم نہ اپہ چہ آچارو   نہ ستیم تیشو وِدتے

असत्यम् अप्रतिष्ठं ते, जगद् आहुर् अनीश्वरम् ।
अपरस्परसंभूतं, किम् अन्यत् कामहैतुकम् ॥१६.८॥

(8) استیم اپرہ تِشٹھم تے   جگت آہو اُنی اِشورم
آپرس   پرسم   بھُوتم   کِم انیہ یتہ کامہ ہیتوکم

एतां दृष्टिम् अवष्टभ्य, नष्टात्मानोऽल्पबुद्धयः ।
प्रभवन्त्य् उग्रकर्माणः, क्षयाय जगतोऽहिताः ॥१६.९॥

(9) ایتام درشٹیم اوش ٹبھیہ   نشٹاتمانہ الپہ بھُودیاہ
پربھہ   ونتہ   اُگر کرمانہ   کھیایہ   جگت اِہتاہ

कामम् आश्रित्य दुष्पूरं, दम्भमानमदान्विताः ।
मोहाद् गृहीत्वाऽसद्ग्राहान्, प्रवर्तन्तेऽशुचिव्रताः ॥१६.१०॥

(10) کام آشرتيہ ڊُشپورم ڊمبھہ مانم دان وِتہ
موہات گرہی توااسدگرهان پرورتنتے اشوچي ورتاه

चिन्ताम् अपरिमेयां च, प्रलयान्ताम् उपाश्रिताः ।
कामोपभोगपरमा, एतावद् इति निश्चिताः ॥१६.११॥

(11) چنتام اپرے يم چہ پرليہ يانتام اُپاشرتہ
کاموپ بھوگ پرما ايتاوت اتي نِشچتاه

आशापाशशतैर् बद्धाः, कामक्रोधपरायणाः ।
ईहन्ते कामभोगार्थम्, अन्यायेनार्थसञ्चयान् ॥१६.१२॥

(12) آشا پاش شتيے بدھاہ کام کرودھ پراينہ
اِہنتے کام بھوگہ آرٿم انيا ينہ ارٿاسنچيان

इदम् अद्य मया लब्धम्, इमं प्राप्स्ये मनोरथम् ।
इदम् अस्तीदम् अपि मे, भविष्यति पुनर् धनम् ॥१६.१३॥

(13) اِدم اديہ ميا لبھدم اِم پراپسئے منو رٿم
اِدم استي اِدم اپي ے بھوڇ يتي پُر دھنم

असौ मया हतः शत्रुर्, हनिष्ये चापरान् अपि ।
ईश्वरोऽहम् अहं भोगी, सिद्धोऽहं बलवान् सुखी ॥१६.१४॥

(14) اسوميا ہتہ شترُو ہنہ شيہ چہ اپرن اپہ
ايشورو ہم اہم بھوگي سِدُھو ہم بلوان سُکھي

आढ्योऽभिजनवान् अस्मि, कोऽन्योऽस्ति सदृशो मया ।
यक्ष्ये दास्यामि मोदिष्य, इत्य् अज्ञानविमोहिताः ॥१६.१५॥

(15) آڊھيو ابھجوان اسمي کونيو استي سُہ درشوميا
يکھيہ داسيامي موڊِشيہ اتيہ اگيان وِموہتہ

अनेकचित्तविभ्रान्ता, मोहजालसमावृताः ।
प्रसक्ताः कामभोगेषु, पतन्ति नरकेऽशुचौ ॥१६.१६॥

(16) انیکہ چتہ وِبھرانتہ موہ جالہ سماوِرتہ
پرسکتہ کام بھوگیشو پنتی نرکے اشُچو

आत्मसंभाविताः स्तब्धा, धनमानमदान्विताः ।
यजन्ते नामयज्ञैस् ते, दम्भेनाविधिपूर्वकम् ॥१६.१७॥

(17) آتم سمبھاوِتہ ستبھدا دھن مانم اداھنوتہ
یجنتے نام یگتے دمبھین اوِدھی پُوروکم

अहंकारं बलं दर्प, कामं क्रोधं च संश्रिताः ।
माम् आत्मपरदेहेषु, प्रद्विषन्तोऽभ्यसूयकाः ॥१६.१८॥

(18) اہنکارم بلم درپم کامم کرودھم چہ سن شرتاہ
مام آتم پردے ہیُشو پردوِشتو ابھیہ سُویکاہ

तान् अहं द्विषतः क्रूरान्, संसारेषु नराधमान् ।
क्षिपाम्य् अजस्रम् अशुभान्, आसुरीष्व् एव योनिषु ॥१६.१९॥

(19) تان اہم دوِشت کرُوران سمسار یشو نرادمان
کھِپامہ اجسرم اُشوبھان آسورِیشو ایوہ یونیِشُو

आसुरीं योनिम् आपन्ना, मूढा जन्मनि जन्मनि ।
माम् अप्राप्यैव कौन्तेय, ततो यान्त्य् अधमां गतिम् ॥१६.२०

(20) آسُورِیم یوِنم آپنا موڑھا جنمنی جنمنی
مام اپراپَے ایوکونیتہ تتو یانتہ اِدھم آم گتم

त्रिविधं नरकस्येदं, द्वारं नाशनम् आत्मनः ।
कामः क्रोधस् तथा लोभस्, तस्माद् एतत् त्रयं त्यजेत् ॥१६.२१॥

(21) ٹرِودھم نرکسیہ اِدم دوارم ناشنم آتمنہ
کامہ کرودھہ تتھا لوبھہ تسمات ایتت ترِیم تجت

एतैर् विमुक्तः कौन्तेय, तमोद्वारैस् त्रिभिर् नरः ।
आचरत्य् आत्मनः श्रेयस्, ततो याति परां गतिम् ॥१६.२२॥

(22) ايتہ وِمُكتہ كونتيہ تمو دوارے تِربِھرنرہ
آچرتيہ آتمنہ شريہ تتوياتي پرام گتم

यः शास्त्रविधिम् उत्सृज्य, वर्तते कामकारतः ।
न स सिद्धिम् अवाप्नोति, न सुखं न परां गतिम् ॥१६.२३॥

(23) ياہ شاستر وِدھم اُتسرجيہ ورتتے كام كارتہ
نہ سہ سِدھيم اِوا پنوتي نہ سُكھم نہ پرام گتم

तस्माच् छास्त्रं प्रमाणं ते, कार्याकार्यव्यवस्थितौ ।
ज्ञात्वा शास्त्रविधानोक्तं, कर्म कर्तुम् इहार्हसि ॥१६.२४॥

(24) تسمات شاسترم پرمانم تے كاريا كاريہ ويو سِتِھتو
گياتوا شاستر وِدھانوكتم كرم كرتُم اِہہ ارہسي

ॐ तत्सदिति श्रीमद् भगवद्गीता
اوم تت ست اِتي شريمد بھگوت گيتا

सु उपनिषद सु भ्रम विद्यायाम योग शास्त्र
سُہ پنيہ شت سُوبھرم وِدھيايام يوگ شاسترے

श्रीकृष्ण अर्जुन संवादे दैवासुरसंपद्विभागयोगो नाम षोडशोऽध्यायः ॥
شِری كرشن ارجُن سمواد ے وِيواسُرسمپت وِ بِھاگ يوگونام شوڏش ادِھياياہ

ॐ श्रीपरमात्मने नमः

اوم شری پرماتمنے نمہ

अर्जुन उवाच
ये शास्त्रविधिम् उत्सृज्य, यजन्ते श्रद्धयान्विताः ।
तेषां निष्ठा तु का कृष्ण, सत्त्वम् आहो रजस् तमः ।।१७.१।।

ارجُن اُواچ

(1) یے شاستر وِدّھم اُت سرجیہ   یجَنتے   شردھیان   وِتہ
      تیشام نِشٹھاہ تُوکا کرشن   سوتوم آہو رجس تماہ

श्रीभगवानुवाच
त्रिविधा भवति श्रद्धा, देहिनां सा स्वभावजा ।
सात्त्विकी राजसी चैव, तामसी चेति तां शृणु ।।१७.२।।

شری بھگوان اُواچ

(2) تِرودِھا بھوتِی شردھا   دیہہ نام سا سوبھاوجہ
      ساتوِکی راجسی چَے و   تامسی چے تِ تام شرنو

सत्त्वानुरूपा सर्वस्य, श्रद्धा भवति भारत ।
श्रद्धामयोऽयं पुरुषो, यो यच्छ्रद्धः स एव सः ।।१७.३।।

(3) ستوا انُورُوپا سرویہ   شردا بھوتِہ   بھارت
      شردھا میوایم پُورشو یو یچّھر دہہ سہ ایوسہ

यजन्ते सात्त्विका देवान्, यक्षरक्षांसि राजसाः ।
प्रेतान् भूतगणांश् चान्ये, यजन्ते तामसा जनाः ॥१७.४॥

(4) تَجنّتے ساتِوکا دیوان یکھشر کھانسی راجسہ
پریتان بھُوت گنان چہ اینئے تَجنتے تاسماہ جناہ

अशास्त्रविहितं घोरं, तप्यन्ते ये तपो जनाः ।
दम्भाहंकारसंयुक्ताः, कामरागबलान्विताः ॥१७.५॥

(5) اشاستر وِہتم گھورم تپ ینتے ے پتو جناہ
دھمبہ اہنکارا سمیوکتہ کام راگہ بلان وِتہ

कर्षयन्तः शरीरस्थं, भूतग्रामम् अचेतसः ।
मां चैवान्तःशरीरस्थं, तान् विद्ध्य् आसुरनिश्चयान् ॥१७.६॥

(6) کرش ینتہ شریرستھم بھُوتہ گرام اچیتسہ
مام چَئے وانتہ شریر ستھم تان وِدھی اسورنِشچیان

आहारस् त्व् अपि सर्वस्य, त्रिविधो भवति प्रियः ।
यज्ञस् तपस् तथा दानं, तेषां भेदम् इमं शृणु ॥१७.७॥

(7) آہارس تواپی سروسیہ تروِدھو بھوتی پریہ
یگیس تپس تتھا دانم تیشام بھیدم اِم شرنو

आयुःसत्त्वबलारोग्य-सुखप्रीतिविवर्धनाः ।
रस्याः स्निग्धाः स्थिरा हृद्या, आहाराः सात्त्विकप्रियाः ॥१७.८॥

(8) آیوستوا بلا آروگے سُکھ پریتی وِوردھنا
رسیہ سِنگداہ ستھرا ہردیا آہاراہ ساتوکہ پریاہ

कट्वम्ललवणात्युष्ण-तीक्ष्णरूक्षविदाहिनः ।
आहारा राजसस्येष्टा, दुःखशोकामयप्रदाः ॥१७.९॥

(9) کٹ وِل لونات اُش تیکھشنہ روکھش وِداہنہ
اہارا راجس ییشٹھہ دُکھ شوکا میہ پرداہ

यातयामं गतरसं, पूति पर्युषितं च यत् ।
उच्छिष्टम् अपि चामेध्यं, भोजनं तामसप्रियम् ॥१७.१०॥

(10) یات یام گترسم پُوتی پریُشتم چہ یت
اُچھشٹم اپہ چہ اے دیم بوجھنم تامسہ پریم

अफलाकाङ्क्षिभिर् यज्ञो, विधिदृष्टो य इज्यते ।
यष्टव्यम् एवेति मनः, समाधाय स सात्त्विकः ॥१७.११॥

(11) اپھلا کانکِھشہ بھہ یگنو ودِ درشٹھو یہ اِجتے
یِش ٹویم ایوہ تی منہ سماداہیہ سہ ساتوکہ

अभिसन्धाय तु फलं, दम्भार्थम् अपि चैव यत् ।
इज्यते भरतश्रेष्ठ, तं यज्ञं विद्धि राजसम् ॥१७.१२॥

(12) ابھی سندھیایہ تُو پھلم دمبھارتھم اپہ چَے ویت
اِجتے بھرت شریشٹھ تم یگنیم وِدھی راجسم

विधिहीनम् असृष्टान्नं, मन्त्रहीनम् अदक्षिणम् ।
श्रद्धाविरहितं यज्ञं, तामसं परिचक्षते ॥१७.१३॥

(13) وِدھی ہینم اسرِشٹانّم منترہینم ادھیکشنم
شردھا ورِہتم یگیم تامسم پرِچکھشتے

देवद्विजगुरुप्राज्ञ, पूजनं शौचम् आर्जवम् ।
ब्रह्मचर्यम् अहिंसा च, शारीरं तप उच्यते ॥१७.१४॥

(14) دیوہ وِوج گوروپراگیہ پُوجنم شوچم آرجوم
برہم چاریم اہمساچہ شاریرم تپہ اُچتے

अनुद्वेगकरं वाक्यं, सत्यं प्रियहितं च यत् ।
स्वाध्यायाभ्यसनं चैव, वाङ्मयं तप उच्यते ॥१७.१५॥

(15) انودویگہ کرم واکیم ستیم پریہِتم چہ یت
سوادھیایہ بھیہ سنم چَے و وان میم تپ اُچتے

मनःप्रसादः सौम्यत्वं, मौनम् आत्मविनिग्रहः ।
भावसंशुद्धिर् इत्य् एतत्, तपो मानसम् उच्यते ॥१७.१६॥

(16) مناہ پرسادہ سومیئے توم مونم آتم وِنی گرہہ
بھاوسم شُدھیر اِتہ اے تت تپو مانسم اُچتے

श्रद्धया परया तप्तं, तपस् तत् त्रिविधं नरैः ।
अफलाकाङ्क्षिभिर् युक्तैः, सात्त्विकं परिचक्षते ॥१७.१७॥

(17) شردھیا پریا تپتم تپس تت تِرودھم نریئے
اپھلا کانکش بھیر یُکتیے ساتوِکم پری چکھشتے

सत्कारमानपूजार्थं, तपो दम्भेन चैव यत् ।
क्रियते तद् इह प्रोक्तं, राजसं चलम् अध्रुवम् ॥१७.१८॥

(18) ست کارمان پُوجارتھم تپو دمبھین چیویت
کِرِیتے تت اِہ پروکتم راجسم چلم آدھروم

मूढग्राहेणात्मनो यत्, पीडया क्रियते तपः ।
परस्योत्सादनार्थं वा, तत् तामसम् उदाहृतम् ॥१७.१९॥

(19) موڈ گراہین آتمنویت پیڈیا کریتے تپ
پرسیوتساد نارتھم وا تت تام سم اُداہِرتم

दातव्यम् इति यद् दानं, दीयतेऽनुपकारिणे ।
देशे काले च पात्रे च, तद् दानं सात्त्विकं स्मृतम् ॥१७.२०॥

(20) داتہ ویم اِتی یت دانم دِییتے انپہ کارِنے
دیشے کالے چہ پاترے چہ تت دانم ساتہ وِکم سمرتم

यत् तु प्रत्युपकारार्थं, फलम् उद्दिश्य वा पुनः ।
दीयते च परिक्लिष्टं, तद् दानं राजसं स्मृतम् ॥१७.२१॥

(21) یتُو پرتیہ اُپکارارتھم پھلم اُدیشیہ واپُنہ
دِیتے چہ پر کِلِشٹم تت دانم راجسم سمرتم

अदेशकाले यद् दानम्, अपात्रेभ्यश्च दीयते ।
असत्कृतम् अवज्ञातं, तत् तामसम् उदाहृतम् ॥१७.२२॥

(22) ادیش کالے یت دانم اپاترے بھیاہ چ دِیتے
است کرِتم اوگیاتم تت تامسم اُدھاہرتم

ॐ तत् सद् इति निर्देशो, ब्रह्मणस् त्रिविधः स्मृतः ।
ब्राह्मणास् तेन वेदाश्च, यज्ञाश्च विहिताः पुरा ॥१७.२३॥

(23) اوم تت ست اِتی نِردیشو برہمنس ترِودھہ سمرتہ
براہمنس تینہ ویداشچہ یگیاہ چ وِہتاہ پُورا

तस्माद् ओम् इत्य् उदाहृत्य, यज्ञदानतपःक्रियाः ।
प्रवर्तन्ते विधानोक्ताः, सततं ब्रह्मवादिनाम् ॥१७.२४॥

(24) تسمات اوم اِتے اُدھاہرِیتہ یگیہ دان تپہ کرِیاہ
پرورتنتے وِدھا نوکتہ ستتم برہم وادِنام

तद् इत्य् अनभिसंधाय, फलं यज्ञतपःक्रियाः ।
दानक्रियाश्च विविधाः, क्रियन्ते मोक्षकाङ्क्षिभिः ॥१७.२५॥

(25) تت اِتی انبھِہ سندھایہ پھلم یگیہ تپہ کرِیاہ
دانہ کرِیاہ چ وِودھاہ کرینتے موش کانکھش بھی

सद्भावे साधुभावे च, सद् इत्य् एतत् प्रयुज्यते ।
प्रशस्ते कर्मणि तथा, सच्छब्दः पार्थ युज्यते ॥१७.२६॥

(26) سدبھاوِے سادھو بھاوِے چ ست اِتے ایتت پریوجتے
پرشستے کرمنِ تتھا ست شبدھ پارتھہ یُجتے

यज्ञे तपसि दाने च, स्थितिः सद् इति चोच्यते ।
कर्म चैव तदर्थीयं, सद् इत्य् एवाभिधीयते ॥१७.२७॥

(27) یگیہ تپسِہ دانے چ سِتھتی ست اِتی چ اُچتے
کرم چئے و تدھرتھیم ست اِتے ایوہ ابدھی یتے

137

अश्रद्धया हुतं दत्तं, तपस् तप्तं कृतं च यत् ।
असद् इत्य् उच्यते पार्थ, न च तत् प्रेत्य नो इह ॥१७.२८॥

(28) اشردھیا ہُوتم دتم تپس تپتم کرِتم چ یت
است اِتہ اُچتے پارتھہ نہ چہ تت پرتیہ نو ایہہ

ॐ तत्सदिति श्रीमद् भगवद्गीता
اوم تت ست اِتی شریمد بھگوت گیتا

सु उपनिषद सु भ्रम विद्यायाम योग शास्त्र
سُہ پنیہ شت سُوبھرم وِدھیایام یوگ شاسترے

श्रीकृष्ण अर्जुन संवादे श्रद्धात्रयविभागयोगो नाम सप्तदशोऽध्यायः ॥
شری کرشن ارجُن سموادے شردھاتری وِبھاگ یوگونام سپت دش ادھیایاہ

ॐ श्रीपरमात्मने नमः

اوم شری پرماتمنے نمہ

अर्जुन उवाच

संन्यासस्य महाबाहो, तत्त्वम् इच्छामि वेदितुम् ।
त्यागस्य च हृषीकेश, पृथक् केशिनिषूदन ।।१८.१।।

ارجُن اُواچ

(1) سنیاسیہ مہا باہو تتوم اچھیامی وے دِتم
تیاگسیہ چہ ہرشی کیشہ پرتھک کیشہ نہ شودنہ

श्रीभगवानुवाच

काम्यानां कर्मणां न्यासं, संन्यासं कवयो विदुः ।
सर्वकर्मफलत्यागं, प्राहुस् त्यागं विचक्षणाः ।।१८.२।।

شری بھگوان اُواچ

(2) کامیانام کرمنام نیاسم سنیاسم کویہ وِدھوُ
سروکرم پھلہ تیاگم پراہوس تیاگم وِچکھناہ

त्याज्यं दोषवद् इत्य् एके, कर्म प्राहुर् मनीषिणः ।
यज्ञदानतपःकर्म, न त्याज्यम् इति चापरे ।।१८.३।।

(3) تیاجیم دوش وت اِتے اِیکے کرمہ پراہو منی شناہ
یگیہ دانہ تپہ کرم نہ تیاجم اِتی چاپرے

निश्चयं शृणु मे तत्र, त्यागे भरतसत्तम ।
त्यागो हि पुरुषव्याघ्र, त्रिविधः संप्रकीर्तितः ॥१८.४॥

(4) نِشچیم شرنو مے تَتر تیاگے بھرتہ سَتَّم
تیاگو ہی پُرشہ ویاگرہ تروِدِہ سمپر کِرتتاہ

यज्ञदानतपःकर्म, न त्याज्यं कार्यम् एव तत् ।
यज्ञो दानं तपश्चैव, पावनानि मनीषिणाम् ॥१८.५॥

(5) یگیہ دان تپاہ کرم نہ تیاجم کاریم ایوہ تت
یکیو دانم تپش چیوہ پاونانی منیشہ نام

एतान्य् अपि तु कर्माणि, सङ्गं त्यक्त्वा फलानि च ।
कर्तव्यानीति मे पार्थ, निश्चितं मतम् उत्तमम् ॥१८.६॥

(6) اتیان اپ تُو کرمانی سَنگم تیوکتوا پھلانی چہ
کرتیویانیتہ مے پارتھہ نِشچتم متم اُتم

नियतस्य तु संन्यासः कर्मणो नोपपद्यते ।
मोहात् तस्य परित्यागस्, तामसः परिकीर्तितः ॥१८.७॥

(7) نیہ تسیہ تو سنیاسہ کرمنو نہ اُپ پد دِتے
موہات تسیہ پرتیاگہ تامسہ پرکیر تِتاہ

दुःखम् इत्येव यत् कर्म, कायक्लेशभयात् त्यजेत् ।
स कृत्वा राजसं त्यागं, नैव त्यागफलं लभेत् ॥१८.८॥

(8) دُکھم اتہ ایوہ یت کرم کایہ کلیش بھیات تیجیت
سہ کرتوا راجسم تیاگم نیوہ تیاگ پھلم لبھیت

कार्यम् इत्येव यत् कर्म, नियतं क्रियतेऽर्जुन ।
सङ्गं त्यक्त्वा फलं चैव, स त्यागः सात्त्विको मतः ॥१८.९॥

(9) کاریم اتے ایوہ یت کرمہ نِیتم کریتے ارجنہ
سنگم تیوکتوا پھلم چَے و سہ تیاگہ ساتو کومتاہ

न द्वेष्ट्य् अकुशलं कर्म, कुशले नानुषज्जते ।
त्यागी सत्त्वसमाविष्टो, मेधावी छ्छिन्नसंशयः ॥१८.१०॥

(10) نہ دِویشٹہ اکشلم کرمہ کشلے نا نُشجتے
تیاگی ستوہ سماوِشٹھو میدھاوی چھِن سمشیہ

न हि देहभृता शक्यं, त्यक्तुं कर्माण्य् अशेषतः ।
यस् तु कर्मफलत्यागी, स त्यागीत्य् अभिधीयते ॥१८.११॥

(11) نہ ہی دیہہ بھرتا شکلیم تیوکتم کرمانِ اشیشتہ
یس تو کرم پھلہ تیاگی سہ تیاگی اِتے ابھہ دی یتے

अनिष्टम् इष्टं मिश्रं च, त्रिविधं कर्मणः फलम् ।
भवत्य् अत्यागिनां प्रेत्य, न तु संन्यासिनां क्वचित् ॥१८.१२॥

(12) اَنِشٹم اشٹم مِشرم چہ تِروِدھم کرمناہ پھلم
بھوتیہ اتیا گِنام پرتیہ نہ تُو سنیا سِنام کوچِت

पञ्चैतानि महाबाहो, कारणानि निबोध मे ।
सांख्ये कृतान्ते प्रोक्तानि, सिद्धये सर्वकर्मणाम् ॥१८.१३॥

(13) پنچَے ایتانی مہاباہو کارنانی نِبھو دے
سانکھے کرتانتے پروکتانی سِدھئے سروکرمہ نام

अधिष्ठानं तथा कर्ता, करणं च पृथग्विधम् ।
विविधाश्च पृथक्चेष्टा, दैवं चैवात्र पञ्चमम् ॥१८.१४॥

(14) ادھِشٹھانم تتھا کرتا کرم چہ پرتھہ گھو دھم
وِودھا شِچہ پرتھک چیشٹھا دَیوم چَے واتر پنچہ مم

शरीरवाङ्मनोभिर् यत्, कर्म प्रारभते नरः ।
न्याय्यं वा विपरीतं वा, पञ्चैते तस्य हेतवः ॥१८.१५॥

(15) شریر وانہ منو بھریت کرمہ پرا ربھتے نرہ
نیایم وا وِپریتم وا پنچَے یتے تسہ ہتواہ

तत्रैवं सति कर्तारम्, आत्मानं केवलं तु यः ।
पश्यत्य् अकृतबुद्धित्वान्, न स पश्यति दुर्मतिः ॥१८.१६॥

(16) تتریوم ستی کرتارم آتمانم کیولم تویہ
پشیتے اکرتے بُھو دِتوان نہ سہ پسیتی دُرمتے

यस्य नाहंकृतो भावो, बुद्धिर् यस्य न लिप्यते ।
हत्वापि स इमाँल् लोकान्, न हन्ति न निबध्यते ॥१८.१७॥

(17) یسہ نا ہم کرتوبھاوو بُدھی یسیہ نہ لِپتے
ہتواپہ سہ اِمان لوکان نہ ہنتی نہ نِبھدیتے

ज्ञानं ज्ञेयं परिज्ञाता, त्रिविधा कर्मचोदना ।
करणं कर्म कर्तेति, त्रिविधः कर्मसंग्रहः ॥१८.१८॥

(18) گیانم گیم پرگیاتا ترِودھا کرم چودھنا
کرم کرم کرتے تی ترِودہ کرمہ سن گرہہ

ज्ञानं कर्म च कर्ता च, त्रिधैव गुणभेदतः ।
प्रोच्यते गुणसंख्याने, यथावच् छृणु तान्य् अपि ॥१८.१९॥

(19) گیانم کرمہ چہ کرتا چہ ترِدھئے وگنہ بھیدہتہ
پروچتے گنہ سنکھیانے یتھاوت شرنو تانِ یہ اپی

सर्वभूतेषु येनैकं, भावम् अव्ययम् ईक्षते ।
अविभक्तं विभक्तेषु, तज् ज्ञानं विद्धि सात्त्विकम् ॥१८.२०॥

(20) سرو بُھو تیشو ینیکم بھاوم اویم اِکشتے
اوبھکتم وبھکتیشو تت گیانم وِدھی ساتوکم

पृथक्त्वेन तु यज् ज्ञानं, नानाभावान् पृथग्विधान् ।
वेत्ति सर्वेषु भूतेषु, तज् ज्ञानं विद्धि राजसम् ॥१८.२१॥

(21) پرتھک توینہ تویت گیانم نانا بھاوان پرتھگ وِدھان
ویتی سرویشو بھوتیشو تت گیانم وِدھی راجسم

यत् तु कृत्स्नवद् एकस्मिन्, कार्ये सक्तम् अहैतुकम् ।
अतत्त्वार्थवद् अल्पं च, तत् तामसम् उदाहृतम् ॥१८.२२॥

(22) يت تو ڪرت سن وت ايڪسمن ڪاريہ سڪتم اِهے تڪم
ات تو ارٿھوت اپلم چ تت تامسم اُداهرتم

नियतं सङ्गरहितम्, अरागद्वेषतः कृतम् ।
अफलप्रेप्सुना कर्म, यत् तत् सात्त्विकम् उच्यते ॥१८.२३॥

(23) نيتم سنگرہ هتم اراڳ دويشتہ ڪرتم
اڦلہ پريپہ سُنا ڪرم يت تت ساتوِڪم اُپتے

यत् तु कामेप्सुना कर्म, साहंकारेण वा पुनः ।
क्रियते बहुलायासं, तद् राजसम् उदाहृतम् ॥१८.२४॥

(24) يت تو ڪامے پسناہ ڪرم ساهم ڪارينہ واپنہ
ڪريتے بهولا ياسم تت راجسم اُڌارتم

अनुबन्धं क्षयं हिंसाम्, अनवेक्ष्य च पौरुषम् ।
मोहाद् आरभ्यते कर्म, यत् तत् तामसम् उच्यते ॥१८.२५॥

(25) انو بندھم ڪهيم هِمسام انويڪهشيہ چہ پوُرشم
موهات آربھہ يتے ڪرم يت تت تامسم اُپتے

मुक्तसङ्गोऽनहंवादी, धृत्युत्साहसमन्वितः ।
सिद्ध्यसिद्ध्योर् निर्विकारः, कर्ता सात्त्विक उच्यते ॥१८.२६॥

(26) مُڪتہ سنگو انهم وادي دھرتيو اُتسا هسم نوِتہ
سدھيہ سِدھيور نِروِڪارہ ڪرتا ساتوِڪ اُپتے

रागी कर्मफलप्रेप्सुर्, लुब्धो हिंसात्मकोऽशुचिः ।
हर्षशोकान्वितः कर्ता, राजसः परिकीर्तितः ॥१८.२७॥

(27) راڳي ڪرمہ پھلہ پر پسوُہ لُبھدہ هِمساتمڪہ اشُچہ
هرشہ شوڪان وِتہ ڪرتا راجساہ پرہ ڪرِتتہ

अयुक्तः प्राकृतः स्तब्धः, शठो नैष्कृतिकोऽलसः ।
विषादी दीर्घसूत्री च, कर्ता तामस उच्यते ॥१८.२८॥

(28) ایوکتہ پراکرتہ ستبھداہ شٹھہ نیش کرتک السہ
وشیادی دھیرگہ سوتری چہ کرتا تامسہ اُچتے

बुद्धेर् भेदं धृतेश चैव, गुणतस् त्रिविधं शृणु ।
प्रोच्यमानम् अशेषेण, पृथक्त्वेन धनंजय ॥१८.२९॥

(29) بُدھی بھیدم دھرتے چہ ایوہ گئتہ تروِدھم شرنو
پروچیہ مانم اسیش ینہ پرتھک توینہ دھننجیہ

प्रवृत्तिं च निवृत्तिं च, कार्याकार्ये भयाभये ।
बन्धं मोक्षं च या वेत्ति, बुद्धिः सा पार्थ सात्त्विकी ॥१८.३०॥

(30) پروِرتم چہ نِروِرتم چہ کاریا اکاریے بھیابھیے
بندھم موکشم چہ یاویتی بُدھیہ سا پارتھہ ساتوکی

यया धर्मम् अधर्मं च, कार्यं चाकार्यम् एव च ।
अयथावत् प्रजानाति, बुद्धिः सा पार्थ राजसी ॥१८.३१॥

(31) ییا دھرم ادھرم چہ کاریم چہ اکاریم ایوچہ
ایہ تھاوت پرجاناتی بُدھی سا پارتھہ راجسی

अधर्मं धर्मम् इति या, मन्यते तमसावृता ।
सर्वार्थान् विपरीतांश्च, बुद्धिः सा पार्थ तामसी ॥१८.३२॥

(32) ادھرم دھرم اتی یاہ منہ یتے تمساہ آورتہ
سرواتھان وپری تان چہ بُدھی سا پارتھہ تامسی

धृत्या यया धारयते, मनःप्राणेन्द्रियक्रियाः ।
योगेनाव्यभिचारिण्या, धृतिः सा पार्थ सात्त्विकी ॥१८.३३॥

(33) دھرتیا ییا دھاریتے منہ پران اندریہ کریاہ
یوگین اوبھی چاری نیاہ دھرتیہ سا پارتھہ ساتوکی

यया तु धर्मकामार्थान्, धृत्या धारयतेऽर्जुन ।
प्रसङ्गेन फलाकाङ्क्षी, धृतिः सा पार्थ राजसी ॥१८.३४॥

(34) ییا تو دھرم کاما رتھان دھرتیا دھاریتے ارجنہ
پر سنگینہ پھلہ اکانکشی دھرتہ سا پارتھہ راجسی

यया स्वप्नं भयं शोकं, विषादं मदम् एव च ।
न विमुञ्चति दुर्मेधा, धृतिः सा पार्थ तामसी ॥१८.३५॥

(35) ییہ سوپنم بھیم شوکم وشادم مد میوہ چہ
نہ و منچتی دُھر میدا دھرتہ سا پارتھہ تامسی

सुखं त्व् इदानीं त्रिविधं, शृणु मे भरतर्षभ ।
अभ्यासाद् रमते यत्र, दुःखान्तं च निगच्छति ॥१८.३६॥

(36) سُکھم تو ادھانیم تروِدھم شرنوِے بھر ترشبھہ
ابھیاسات رمتے یترہ دُکھانتم چہ نہ گچھتی

यत् तद् अग्रे विषम् इव, परिणामेऽमृतोपमम् ।
तत् सुखं सात्त्विकं प्रोक्तम्, आत्मबुद्धिप्रसादजम् ॥१८.३७॥

(37) یت تت اگرے وِشم ایوہ پرنامے امرتو پم
تت سُکھم ساتوکم پروکتم آتم بُدھی پرسادبم

विषयेन्द्रियसंयोगाद्, यत् तद् अग्रेऽमृतोपमम् ।
परिणामे विषम् इव, तत् सुखं राजसं स्मृतम् ॥१८.३८॥

(38) وِشئے ایندریہ سنیوگات یت تت اگرے امرتوپم
پرنامے وِشم ایوہ تت سُکھم راجسم سمرتم

यद् अग्रे चानुबन्धे च, सुखं मोहनम् आत्मनः ।
निद्रालस्यप्रमादोत्थं, तत् तामसम् उदाहृतम् ॥१८.३९॥

(39) یداگرے چہ انُو بندھے چہ سُکھم موہنم آتمناہ
نِدرا لسیہ پرما دھوتھم تتہ تام سم اُداہرتم

न तद् अस्ति पृथिव्यां वा, दिवि देवेषु वा पुनः ।
सत्त्वं प्रकृतिजैर् मुक्तं, यद् एभिः स्यात् त्रिभिर् गुणैः ॥१८.४०॥

(40) نہ تت استی پرتھ ویام وا   دیوی دویشو وا پُناہ
ستوم پرکرتی جیر مُکھتم   یدابھیہ سیات تربھیر گُنے

ब्राह्मणक्षत्रियविशां, शूद्राणां च परंतप ।
कर्माणि प्रविभक्तानि, स्वभावप्रभवैर् गुणैः ॥१८.४१॥

(41) برہمن کھیترہ یہ وِشام   شُودرانام چہ پرن تپہ
کرماِن پرو   بھکتانی   سوبھاؤ پربھہ ویر گِنّے

शमो दमस् तपः शौचं, क्षान्तिर् आर्जवम् एव च ।
ज्ञानं विज्ञानम् आस्तिक्यं, ब्रह्मकर्म स्वभावजम् ॥१८.४२॥

(42) شمودمہ تپہ شوچم   کھیانتہ آرجوم ایوچہ
گیانم وِگیانم آستِکیم   برہمہ کرمہ سوبھاوجم

शौर्यं तेजो धृतिर् दाक्ष्यं, युद्धे चाप्य् अपलायनम् ।
दानम् ईश्वरभावश्च, क्षात्रं कर्म स्वभावजम् ॥१८.४३॥

(43) شوریم تیجو دھرتر داکھیشم   یُدھے چہ اپیہ اپلا یِنم
دانم ایشورہ بھاوس چہ   کھیاترم کرمہ سوبھاوجم

कृषिगौरक्ष्यवाणिज्यं, वैश्यकर्म स्वभावजम् ।
परिचर्यात्मकं कर्म, शूद्रस्यापि स्वभावजम् ॥१८.४४॥

(44) کرِشی گورکھشیہ وِانی جیم   ویشیہ کرم سوبھا وجم
پری چاریہ آتمکم کرمہ   شُودرسیاپی سوبھا وجم

स्वे स्वे कर्मण्य् अभिरतः, संसिद्धिं लभते नरः ।
स्वकर्मनिरतः सिद्धिं, यथा विन्दति तच् छृणु ॥१८.४५॥

(45) سوے سوے کرمنیہ ابھی رتہ   سمِسدھم لبھتے نراہ
سوکرم ِنرتہ سِدھم یتھا   وِندتی تت شرنو

यतः प्रवृत्तिर् भूतानां, येन सर्वम् इदं ततम् ।
स्वकर्मणा तम् अभ्यर्च्य, सिद्धिं विन्दति मानवः ॥१८.४६॥

(46) يتہ پرورتر بھُوتانام يين سروم اِدھم تتم
سوکرمہ ناتم ابھيار چيہ سدھم وِندتی مانواہ

श्रेयान् स्वधर्मो विगुणः, परधर्मात् स्वनुष्ठितात् ।
स्वभावनियतं कर्म, कुर्वन् नाप्नोति किल्बिषम् ॥१८.४७॥

(47) شريان سودھرمو وگوناه پردھرمات سو نوشٹھتات
سوبھاونيہ تم کرمہ کرُون نہ اپنوتی کلِبھشم

सहजं कर्म कौन्तेय, सदोषम् अपि न त्यजेत् ।
सर्वारम्भा हि दोषेण, धूमेनाग्निर् इवावृताः ॥१८.४८॥

(48) سہجم کرمہ کونتيہ سدُوشم اپہ نہ تے جيت
سروا رمبا ہہ دوشينہ دھُومينہ اگنی ايوہ آورتہ

असक्तबुद्धिः सर्वत्र, जितात्मा विगतस्पृहः ।
नैष्कर्म्यसिद्धिं परमां, संन्यासेनाधिगच्छति ॥१८.४९॥

(49) اسکت بُدھی سروترہ جتاتما وِگتس پرہہ
ناش کرميہ سِدھم پرمام سنياسينہ ادِھگچھتی

सिद्धिं प्राप्तो यथा ब्रह्म, तथाप्नोति निबोध मे ।
समासेनैव कौन्तेय, निष्ठा ज्ञानस्य या परा ॥१८.५०॥

(50) سدِھم پراپتو يتھا برہمہ تتھا آپنوتی نِبھودے
سماسين ايوہ کونتيہ نِشٹھاہ گيانسيہ يا پرا

बुद्ध्या विशुद्धया युक्तो, धृत्यात्मानं नियम्य च ।
शब्दादीन् विषयांस् त्यक्त्वा, रागद्वेषौ व्युदस्य च ॥१८.५१॥

(51) بُدھيا وُشودھيا يُکتو دھرتيا آتمانم نيمئی چہ
شبدادين وشيان تيوکتوا راگ دويشو ويودسہ چہ

विविक्तसेवी लघ्वाशी, यतवाक्कायमानसः ।
ध्यानयोगपरो नित्यं, वैराग्यं समुपाश्रितः ॥१८.५२॥

(52) ووِکتہ سیوی لگھواشی   یتہ   واک   کایہ   مانسہ
دھیانہ یوگ پریتم   ویراگیم سم اُپا شرتہ

अहंकारं बलं दर्पं, कामं क्रोधं परिग्रहम् ।
विमुच्य निर्ममः शान्तो, ब्रह्मभूयाय कल्पते ॥१८.५३॥

(53) اہنکارم   بلم   درپم   کام   کرودھم پرگرہم
ومُوچیہ زرممہ شانتو   بھرم   بھویایہ کلپتے

ब्रह्मभूतः प्रसन्नात्मा, न शोचति न काङ्क्षति ।
समः सर्वेषु भूतेषु, मद्भक्तिं लभते पराम् ॥१८.५४॥

(54) برہم بھُوتہ پرسناتما   نہ شوچتے نہ کانکھشتہ
سمہ سرویشو بھوتیشو   مت بھکتم لبھتے   پرام

भक्त्या माम् अभिजानाति, यावान् यश् चास्मि तत्त्वतः।
ततो माम् तत्त्वतो ज्ञात्वा, विशते तदनन्तरम् ॥१८.५५॥

(55) بھکتیا مام ابھہ   جاناتی   یاوان یس چہ اسمی تت وتا
تتہ   مام تت وتہ گیاتوا   وِشتے   تد   نترم

सर्वकर्माण्य् अपि सदा, कुर्वाणो मद्व्यपाश्रयः ।
मत्प्रसादाद् अवाप्नोति, शाश्वतं पदम् अव्ययम् ॥१८.५६॥

(56) سرو کرمانِ اپہ   سدا   گوروانو مدِویا پاشریاہ
مت پرسادات اواپ نوتی   شاشوتم   پدم   اویم

चेतसा सर्वकर्माणि, मयि संन्यस्य मत्परः ।
बुद्धियोगम् उपाश्रित्य, मच्चित्तः सततं भव ॥१८.५७॥

(57) چیت سا سرو کرمانی میہ سنیہ سہ مت پرا
بدھی یوگم اُپاشرتیہ مچتہ ستتم بھو

मच्चित्तः सर्वदुर्गाणि, मत्प्रसादात् तरिष्यसि ।
अथ चेत् त्वम् अहंकारान्, न श्रोष्यसि विनङ्क्ष्यसि ॥१८.५८॥

(58) مُچِتہ سرو دُرگانی مت پرسادات تری شیسی
اتھ چیت توم اہنکارات نہ شروشیسی وِنکھشیسی

यद् अहंकारम् आश्रित्य, न योत्स्य इति मन्यसे ।
मिथ्यैष व्यवसायस् ते, प्रकृतिस् त्वां नियोक्ष्यति ॥१८.५९॥

(59) یت اہنکارم آشرتیہ نہ یوتسیہ اتی منہ یسے
متِھَئی ئیشہ ویوسایس تے پرکرتس توام نیوکش تی

स्वभावजेन कौन्तेय, निबद्धः स्वेन कर्मणा ।
कर्तुं नेच्छसि यन् मोहात्, करिष्यस्य् अवशोऽपि तत् ॥१८.६०॥

(60) سوبھاو جین کونتئ نِبھداہ سوینہ کرمناہ
کرتُم نہ اِچھسی یت موہات کرشیاسی اوشو اِپی تت

ईश्वरः सर्वभूतानां, हृद्देशेऽर्जुन तिष्ठति ।
भ्रामयन् सर्वभूतानि, यन्त्रारूढानि मायया ॥१८.६१॥

(61) ایشوَرہ سرو بھُوتانام ہردیشے ارجُن تِشٹھتے
برائین سرو بھُوتانی یترا روڈانی مایِیا

तम् एव शरणं गच्छ, सर्वभावेन भारत ।
तत्प्रसादात् परां शान्तिं, स्थानं प्राप्स्यसि शाश्वतम् ॥१८.६२॥

(62) تم ایو شرنم کچھہ سرو بھاوینہ بھارتہ
تت پرسادات پرام شانتم ستھانم پراپسہ یسی شاشوتم

इति ते ज्ञानम् आख्यातं, गुह्याद् गुह्यतरं मया ।
विमृश्यैतद् अशेषेण, यथेच्छसि तथा कुरु ॥१८.६३॥

(63) اِتہ تے گیانم آکھیاتم گہُیات گہُے ترم میا
وِمرِشیہ ایتت اشیشیہ نہ یتھا اِچھسی تتھا کرو

सर्वगुह्यतमं भूयः, शृणु मे परमं वचः ।
इष्टोऽसि मे दृढम् इति, ततो वक्ष्यामि ते हितम् ॥१८.६४॥

(64) سرو گہہ تم بھُویاہ شِرنومے پرم وچہ
اِشٹو اسِے دھرڈم یتی تو وکھِیامی تے ہِتم

मन्मना भव मद्भक्तो, मद्याजी मां नमस्कुरु ।
माम् एवैष्यसि सत्यं ते, प्रतिजाने प्रियोऽसि मे ॥१८.६५॥

(65) من مناہ بھو مد بھکتو مدھیاجی مام نمسکرو
مام ایو ایشہ سِہ ستیم تے پرتیہ جانے پریوسِہ ے

सर्वधर्मान् परित्यज्य, मामेकं शरणं व्रज ।
अहं त्वा सर्वपापेभ्यो, मोक्षयिष्यामि मा शुचः ॥१८.६६॥

(66) سرو دھرمان پرتجیہ مام ایکم شرنم ورج
اہم تواسرو پاپے بھیو موکش یشیامے ماشُچہ

इदं ते नातपस्काय, नाभक्ताय कदाचन ।
न चाशुश्रूषवे वाच्यं, न च मां योऽभ्यसूयति ॥१८.६७॥

(67) ایدم تے ناتپس کایہ نہ ابھکتیاییہ کدا چِنہ
نہ چہ اشوشرو شوے واچیم نہ چہ مام یوابھیہ سوتے

य इमं परमं गुह्यं, मद्भक्तेष्व् अभिधास्यति ।
भक्तिं मयि परां कृत्वा, माम् एवैष्यत्य् असंशयः ॥१८.६८॥

(68) یہ اِم پرم گہُیم مت بھکتیشو ابھہ داس یتی
بھِکتم میہ پرام کرتوا مام ایوہ ایشیتہ اسمشیاہ

न च तस्मान् मनुष्येषु, कश्चिन् मे प्रियकृत्तमः ।
भविता न च मे तस्माद्, अन्यः प्रियतरो भुवि ॥१८.६९॥

(69) نہ چہ تسمات منُشیہ شُہ کشچِن ے پریہ کرتمہ
بھوِتانچہ ے تسمات انیہ پریتر بھُووی

अध्येष्यते च य इमं, धर्म्यं संवादम् आवयोः ।
ज्ञानयज्ञेन तेनाहम्, इष्टः स्याम् इति मे मतिः ॥१८.७०॥

(70) ادھے شیتے چ یہ اِم دھرمیم سموادم آویو
گیان یگین تینہ اہم اِشٹہ سیام اِتی ے مَتی

श्रद्धावान् अनसूयश्च, शृणुयाद् अपि यो नरः ।
सोऽपि मुक्तः शुभाँल् लोकान्, प्राप्नुयात् पुण्यकर्मणाम्

(71) شردھاوان اَنہ سُویس چہ شرنو یات اپی یو نراہ
سوپی مُکتہ شُبھان لوکان پراپُن نُویات پُنیہ کرمنم

कच्चिद् एतच् छ्रुतं पार्थ, त्वयैकाग्रेण चेतसा ।
कच्चिद् अज्ञानसंमोहः, प्रनष्टस् ते धनंजय ॥१८.७२॥

(72) کچِت ایتت شُرتم پارتھہ تویا ایکا گرینہ چیتہ سا
کچِت اگیانہ سموہہ پرنشٹ تے دھنَجیہ

अर्जुन उवाच
नष्टो मोहः स्मृतिर् लब्धा, त्वत्प्रसादान् मयाऽच्युत ।
स्थितोऽस्मि गतसंदेहः, करिष्ये वचनं तव ॥१८.७३॥

ارجن اُواچ

(73) نشٹو موہا سمرتر لبدھا توت پرسا دات میااچُت
سِتھہ اَسی گتہ سندیہہ کرِشئے وچنم توہ

संजय उवाच
इत्य् अहं वासुदेवस्य, पार्थस्य च महात्मनः ।
संवादम् इमम् अश्रौषम्, अद्भुतं रोमहर्षणम् ॥१८.७४॥

سنجے اُواچ

(74) اِتہ اہم واسدیوسیہ پارتھسیہ چہ مہاتمنہ
سموادم اِمم اشروشم ادبُتم روم ہرشنم

151

व्यासप्रसादाच् छुतवान्, एतद् गुह्यम् अहं परम् ।
योगं योगेश्वरात् कृष्णात्, साक्षात् कथयतः स्वयम् ।१८.७५

(75) ویاس پرسادات شُرتوان ایتت گُھیم اہم پرم
یوگم یوگیشورات کرشنات ساکھشات کتھہ یت سویم

राजन् संस्मृत्य संस्मृत्य, संवादम् इमम् अद्भुतम् ।
केशवार्जुनयोः पुण्यं, हृष्यामि च मुहुर् मुहुः ॥१८.७६॥

(76) راجن سن سمرتیہ سن سمرتیہ سموادم اِم اَبُھدتم
کیشوا ارجن یوہ پنُیم ہر شیامی چہ مہُر مہُو

तच् च संस्मृत्य संस्मृत्य, रूपम् अत्यद्भुतं हरेः ।
विस्मयो मे महान् राजन्, हृष्यामि च पुनः पुनः ॥१८.७७॥

(77) تت چہ سن سمرتیہ سن سمرتیہ رُوپم اتیادھ بھُوتم ہرے
وِسمیوے مہان راجن ہرشیامی چہ پُناہ پُناہ

यत्र योगेश्वरः कृष्णो, यत्र पार्थो धनुर्धरः ।
तत्र श्रीर् विजयो भूतिर्, ध्रुवा नीतिर् मतिर् मम ॥१८.७८॥

(78) یتر یوگیشورہ کرِشنو یتر پارتھو دُھنُر دھراہ
تتر شری وِجیو بھُوتہ دُھروا نیتہ متہ ممہ

ॐ तत्सदिति श्रीमद् भगवद्गीता
اوم تت ست اِتی شریمد بھگوت گیتا

सु उपनिषद सु भ्रम विद्यायाम योग शास्त्र
سُہ پنیہ شت سُو بھرم وِدھیایام یوگ شاسترے

श्रीकृष्ण अर्जुन संवादे मोक्षसंन्यासयोगो नाम अष्टादशोऽध्यायः ॥
شری کرشن ارجُن سموادے موکش سنیاس وِبھاگ یوگونام اشٹادش ادھیایاہ

کرشن بھجن (کشمیری زبان میں)

ہازیوہ کیازِ چھٹک ناحقّی پریشان
پُشراو پان دیس کری سُہ کلیان

(1)

سمسارس منز آمُت ژہ کیا ہیتھہ
واپس گھِنُ چھوئی گیھک ژہ کیا ہیتھہ
اتھہ چھون گھِنُ بس تھوتمیوک دھیان
پُشراو پان دیس کری سُہ کلیان

(2)

آنس منزیُس پان پرزناوان
شودہ منَتس رج وتھہ دئ چھہ ہاوان
دار ہلم تس سوکھہ سمر دھی سُہ سوزان
پُشراو پان دیس کری سُہ کلیان

(3)

یِتھہ سمسارس منز آئی کم کم بلوریہ
مایا زالس منز آئی ہینہ تہ گئی سکھہ گیر
دراو یُس اُمِ کنڈ زالہ میول تس سمان
پُشراو پان دیس کری سُہ کلیان

(4)

کرشن بھگوانس پیٹھہ تھو ژہ وِشواس
ہردیس منز چانس کران سُہ واس
صبح شام پِز من ناو روز ژہ سوران
پُشراو پان دیس کری سُہ کلیان

(5)

لیکھت یتوئی چھہ میلان یتوئی اِنسانس
حساب کرمن ہُندنِش چھہ بھگوانس
گیتا روز پران ہری آتم گیان
پُشراو پان دیس کری سُہ کلیان